KB042736

5

계간 **삼천리**
해제집

이 해제집은 2017년도 정부(교육부)의 재원으로 한국연구재단의 지원을 받아 한림대학교 일본학연구소가 수행하는 인문한국플러스지원사업의 일환으로 이루어진 연구임(2017S1A6A3A01079517).

한림대학교 일본학연구소 일본학자료총서 **II**

〈계간 삼천리〉 시리즈

5

계간 삼천리

해제집

한림대학교 일본학연구소 해제

學古房

　한림대학교 일본학연구소 HK+사업단 아젠다는 〈포스트제국의 문화권력과 동아시아〉이다.

　이 아젠다는 '문화권력'이라는 문제의식과 관점으로 '동아시아'라는 공간을 어떻게 규정하고 해석할 수 있는가를 모색하고 고민하는 작업이며, 동시에 '제국'에서 '포스트제국'으로 이어지는 연속된 시간축 속에 '포스트제국'이 갖는 보편성과 특수성을 밝히려는 작업이 될 것이다.

　이러한 아젠다 수행의 구체적 실천의 하나가 『계간 삼천리』 해제 작업이다.

　이 『계간 삼천리』는 재일한국·조선인 스스로 편집위원으로 참가하여 그들의 문제를 다룬 것이며, 구체적으로는 재일조선인 역사학자 이진희와 박경식, 강재언, 소설가 김달수, 김석범, 이철, 윤학준이 편집위원으로 참여하였으며, 1975년 2월에 창간하여 12년간 1987년 5월 종간까지 총 50권이 발행된 잡지이다. 물론 재일조선인 편집인과 필진 이외에도 일본인 역사가와 활동가, 문학을 비롯한 문화계 인사들도 다수 참여하였으며, 이들 중 다수는 현재까지 재일한국·조선인 운동, 한·일 관계를 비롯한 동아시아 근현대사 연구에 관여하고 있다. 이러한 편집위원과 필진이다 보니, 여기에는 한국과 일본을 비롯한 동아시아의 정세분석, 역사문제, 재일조선인의 문화와 일상, 차별문제, 일본인의 식민 경험과 조선체험 등 다양한 주제로 망라되어 있다. 다시 말해서, 이들 기사는 1970년대 중후반과 1980년대 냉전 시대의 동아시아 속 한국과 일본, 일본 속 재일조선인과 한국 등을 가르는 문화권력 지형의 변화를 검토하는 데 유용한 자료인 것이다.

　우리는 이 잡지를 통해서 '국민국가의 외부자'이면서 동시에 '국민국가의 내부자'인 재일한국·조선인의 '시각'에 초점을 맞추어 '냉전/탈냉전 시기 국민주의 성격'이 무엇인가에 대해 생각할 수 있는 기초 작업을 수행하게 된다. 이 성과는 한국사회와 일본사회 그리고 더 나아가서 동아시아 속에서 해결해야 하는 '국민국가' 문제나 '단일민족·다민족주의' 문제를 되돌아보게 하는 계기가 될 것이다, 특히 기존 선행연구들이 읽어내지 못한 재일의 세계관, 주체론, 공동체론, 전후 국가론'을 분석해 내어, 기존의 냉전과 디아스포라 문제를 '국가·탈국가'라는 이분법을 넘는 이론을 고안해 내는 데 미약하나마 일조할 것으로 생각한다.

참고로, 이 기초 작업의 주된 대상은 아래와 같다. ①동아시아 상호이해를 위한 기사('가교', '나의 조선체/조선관', '나에게 있어 조선/일본', ②당시의 동아시아 상호관계, 국제정세 시점에 대한 기사, ③조선과 재일조선인의 일상문화에 대한 기사, ④기타 좌담/대담 중 사업단 아젠다와 관련 있는 기사 등이다.

아울러 이 작업을 수행한 과정은 대략 다음과 같다.

먼저 HK연구 인력을 중심으로 TF팀을 구성하였다. 이 TF팀은 2주에 1회 정기적으로 열었으며, '가교(架橋)', '특집 대담·좌담', '회고', '현지보고', '동아리소개', '온돌방(편집후기)'을 해제 작업 공통 대상으로 선정하고 「집필요강」까지 작성하였다. 기본적으로 공동작업이라는 특성상, 「집필요강」을 엄격하게 적용하였으며, 동시에 해제 작성에 개인적 차이를 최소화해서 해제 작업의 통일성과 효율성을 최대한 확보하기 위해 노력하였다. 실제로 수합한 원고에 대한 재검토를 TF팀에서 수행하는 등 다중적인 보완장치를 마련하였다. TF팀은 현재까지 총 3권의 해제 작업을 마쳤으며, 2020년 5월 29일 자로 총 5권의 『계간 삼천리』 해제집 시리즈를 간행하게 되었다.

본 해제집이 재일한국·조선인의 시선을 통해 국가나 민족, 언어에 갇힌 삶이 아니라, 사람이라는 보편적 하나의 '삶'의 세계를 들여다보는 계기가 되었으면 하는 바람이다. 새로운 인식의 사회적 발신을 위해 『계간 삼천리』 해제 작업은 앞으로도 계속될 것이다.

일본학연구소 소장
서 정 완

목차

1983년 봄(2월) 33호

1981년 겨울(11월) 28호

가교

오현금

[架橋] 五絃琴のこと

다무라 엔쵸는 구마모토대학의 교수이자 일본의 사학자로서 규슈역사자료관장을 역임하였다. 이글에서 그는 일본의 멜로디와 조선의 멜로디의 유사성을 소개하며 샤미센과 조선의 가야금의 유래가 같다는 것을 설명하고 있다.

「백문이 일견」이라는 속담이 있다. 1971년, 나는 태어나서 처음으로 조선반도의 흙을 밟고 이 속담을 실감할 수 있었다. 나는 후쿠오카공항(福岡空港)을 날아올라 30분도 안돼 부산 수영공항에 도착했다. 후쿠오카와 부산을 30분 만에 날아왔다는 것은 충격적인 일이었다. 후쿠오카와 오사카보다도 짧다. 소년 시절 이후, 고정되어 있었던 나의 조선반도관은 사려져 버렸다. 이 무렵 나는 약 1개월간 체재하며 한국의 각지를 방문하였지만, 한글 간판은 그렇다고 해도 거리의 분위기, 거리를 걷는 사람들의 모습 등 일본의 거리에서 마주치는 사람들과 큰 차이가 없다는 것을 알게 되었다.

부산과 서울의 고속도로는 쾌적하였다. 주행차도 적었다. 그때, 고가 마사오(古賀 政男) 작곡의 멜로디가 흘러나왔다. 고가 마사오는 소년 시절에 조선에서 산 경력도 있고, 그 후도 조선에 머물며 작곡을 한 적도 있다고 들었다. 이 점이 고가의 멜로디와 한국 가곡의 멜로디가 친근하게 느껴지는 이유일 것이다. 15년 정도 전의 일이다. 약 반 년 아메리카의 버클리에 머문 적이 있었다. 베트남전

페이지
14-17

필자
다무라 엔쵸
(田村 圓澄, 1917~2013)

키워드
오현금, 샤미센, 고가
마사오, 후쿠오카, 부산

해제자
김경옥

12

쟁이 점점 격해질 무렵, 점심시간에 대학본부 광장에서 전쟁 반대 집회가 열려 수천 명의 학생이 모였다. 그러나 같은 캠퍼스에서 밴드연주가 연일 계속되어 학생들의 인기를 모았다.

세대에 따라, 연령층에 따라 좋아하는 멜로디가 바뀐다. 다만, 나 같은 전전파(戰前派)에게 있어서, 다이쇼(大正), 쇼와(昭和)기의 나카야마 신페이(中山 晋平), 고가 마사오 등의 멜로디는 친근하다. 모토오리 나가오(本居 長世), 히로타 류타로(弘田 龍太郎)의 동요도 마찬가지이지만, 이러한 멜로디의 대부분은 단음계의 애조(哀調)를 띠고 있어 가슴 깊은 곳에서의 울림이 있다. 한국의 멜로디에서도 공통된다.

오현금이 조선반도에서 도래한 악기라고 한다면, 음계와 멜로디도 일본에 전해졌을 것이다. 즉, 늦어도 야요이(弥生)시대 후기에 조선반도와 일본은 같은 멜로디권(圈)에 있었던 것이 된다. 지금까지 나는 애조를 띤 일본의 멜로디는 불교음악의 쇼묘(聲明)에 의해 형성되었고, 일본어 찬미가(和讚), 영가(詠歌)등의 멜로디도 쇼묘에 유래하는 것이라고 생각했다. 그러나 오현금의 존재를 인정한다면 불교 전래 이전에 단음계 멜로디가 일본인의 체질에 녹아들어 있던 것을 알 수 있을 뿐만 아니라, 한국과 일본과의 친근하면서도 비슷한 멜로디의 수수께끼를 풀 수 있게 되는 것이다. 이번 10월에 후쿠오카에서 열리는 RKB 매일방송 창립 30주년 기념 심포지엄에서 나는 오현금의 가설을 피력해 보고자 한다.

조선의 음악은 기마민족계?

[架橋] 朝鮮の音楽は騎馬民族系?

고지마 도미코는 일본의 음악학자로서, 일본 음악사와 일본 음악학을 역사적인 관점에서 논한다. 도쿄학예대학의 강사와 국립역사민속박물관의 명예교수를 역임하였다. 저자는 조선과 일본의 전통 음악과 춤의 공통점과 차이점에 관해 설명하며 두 민족의 문화 기원과 형성의 과정, 특히 수전 쌀농사 중심의 일본과 기만민족의 역동성을 가진 조선을 비교해 공통점과 차이점에 대해 언급하고 있다.

조선과 일본의 전통적인 음악과 춤을 비교해 보면, 매우 닮았거나 공통점이 있다고 느끼는 측면과 매우 다르다고 느끼는 측면이 있다. 그리고 이 양 측면이 어떤 이유로 생겼는지를 생각하면, 아무래도 일본문화의 기원이나 두 나라의 민족 문화의 기본적인 성격 문제까지 이야기가 점점 확대된다. 일본 엔카(演歌)의 뿌리가 조선에 있다는 이야기가 종종 저널리즘을 시끄럽게 한 적이 있다. 그 직접적인 계기는 대중가수 이성애(李成愛)를 알리기 위한 프로모션의 하나로서 프로덕션의 계략이었다. 그리고, 보다 근본적으로 조선과 일본 민요 멜로디에 각각 매우 닮은 부분이 있다는 점이다. 일본 민요의 가장 중심적인 음계인 민요음계(예를 들면, 라도레미솔라의 형태라고 해도 좋다)를 사용하고 있고, 음의 움직임은 통통 튀거나 하지 않고, 음계의 음 순서에 따라 움직이며, 일본의 마고우

페이지
17-20

필자
고지마 도미코
(小島 美子, 1929~)

키워드
기마민족, 농경사회,
리듬, 다이나미즘,
춤, 노래

해제자
김경옥

타(馬子歌)와 꽤 닮은 형태이다.

음계에 관해 생각해 보고 싶은 것은, 각각의 민족이 가진 음계 감각이라는 것은 비교적 바뀌지 않는 것이고, 가장 원시적인 시대에는 필시 하나의 민족은 하나의 음계 밖에 갖고 있지 않았을 것으로 생각된다. 그리고 다른 이질적인 문화로부터 영향을 받아서 만약 음계가 바뀌는 경우에는 본래 음계의 요소를 여러 형태로 남기는 것이다. 이것을 생각하면, 조선과 일본의 전통적인 음계가 이렇게까지 닮았다는 것은 두 민족의 문화 기원과 형성의 과정에서 공통적인 것이 상당히 있었을 것이라는 점이 상상된다.

그런데 한편으로, 리듬과 다이나미즘, 표현 양식 등을 본다면, 조선과 일본의 음악과 춤은 상당히 성질이 다르다. 우선 리듬에서, 일본인의 기본적인 리듬감은 강약의 구별이 없는 조용한 이박자이다. 이에 대해 조선의 노래와 춤에 압도적으로 많은 것은 3박자계의 리듬이고, 그것도 강한 박자와 약한 박자가 분명한 리듬이다.

문제는 이러한 일본과 조선의 음악과 춤의 차이가 어디서부터 왔는지 이다. 나는 일본 음악의 이러한 성격은 아무래도 수전 쌀농사 농경 중심의 생활과 깊은 관계가 있는 것 같다. 수전 농경 작업은 허리를 낮춘 자세로 발은 반 정도 지면에 담글 정도로 단단히 땅을 딛고 있어, 이 작업의 자세와 동작에서는 약동(躍動)적인 춤과 리듬은 나올 수가 없다. 이에 대해 조선의 리듬감이나 다이나미즘은 아무리 생각해도 쌀농사 농경중심의 생활과는 연결되지 않는다. 그 다이나믹한 리듬감은 아무리 생각해도 기마민족의 것이다. 또한, 강약이 분명한 표현양식은 토지에 구속되어 말하고 싶은 것도 말하지 못하는 정착농경민과는 다르다. 이러한 것을 말하면, 조선도 쌀농사의 농경중심 생활을 한다고 특히 남부의 사람들은 말한다. 그러나 나는 각각의 민족의 문화적 성격이라는 것이 형성되는 역사적인 시대라는 것이 있지 않을까 하고 생각한다.

가교
조일朝日관계사 교재
[架橋] 日朝関係史の教材

니시카와 히로시는 고등학교 교사로서 본명을 사용하는 중국인 생도와 일본명을 사용하는 조선인 생도를 언급하며, 조선인들이 일본명을 사용하는 이유에 대해 일본 생도에게 일깨워주는 교육을 하는 것이 사회과 교사인 그의 역할이라고 설명한다. 그는 일본사 수업에서 일조관계의 역사와 현상을 계통적으로 학습시키기 위해 일조관계사의 교육이 중요한 것을 지적한다.

어느 날, 금박으로 목숨 수(壽)가 새겨진 호화로운 「청첩장」이라는 것이 왔다. 한눈에 보고 조선인의 결혼피로연 초대장이라는 것을 알았지만, 누가 보낸 것일까. 신랑, 신부를 비롯해 나란히 있는 이름에는 누구 하나 떠오르는 사람이 없었다. 봉투 뒷면을 보고 그제야 알았다. 신부 아버지의 성 옆에 일본명 M이라고 펜으로 쓰여 있었던 것이다. M군은 내가 근무하는 학교를 졸업하고 대학에 진학하였다. 어느 여름방학, M군이 백화점의 조선인삼 판매장에서 아르바이트를 하고 있었는데, 그곳을 내가 지나간 적이 있었다. 컬러풀한 한복을 입고 먼저 말을 걸어오기에 「잘 어울리는구나」하고 말했더니 반가운 표정을 지었다. 그는 고등학교 시절까지 일본명으로 다녔다. 하지만 나는 그가 조선인이라는 것을 알고 있었다. 그의 어머니는 민단의 부인회장과 같은 역할을 맡고 있었고, 전쟁 중에 일본으로 건너왔다고 한다. 내가 소속된 학교가 위치한

페이지
20-23

필자
니시카와 히로시
(西川 宏, 미상)

키워드
일조관계,
오카야마시(岡山市),
이총(耳塚),
재일조선인

해제자
김경옥

오카야마시(岡山市)에도, 구라시키시(倉敷市)에도, 상당수의 조선인이 재주(在住)하고 있고, 두 곳에 총련(総連)계의 민족학교도 있다. 하지만 민단계의 사람은 자녀를 일본학교에 다니게 하며 모두 일본명을 사용하고 있다.

우리 학교에 때때로 들어오는 중국인 생도는 반드시 본명을 사용하는데, 조선인 자녀는 일본명을 사용한다. 이것은 왜일까. 그 이유를 조선인 생도를 둘러싼 일본인 학우 전부에게 일깨워주는 교육을 하는 것이 우리 사회과 교사의 역할 중에 하나라고 생각한다. 그 때문에 나는 일본사 수업에서 일조관계의 역사와 현상을 계통적으로 학습시키려고 한다. 그러나 관계사를 말하기 위해서는 최소한의 조선사와 조선문화를 말하지 않으면 안된다. 예를 들면, 야요이문화의 전래의 전제로서 조선무문(無紋)토기문화, 5~6세기의 기술 전래의 전제로서 3국 고분과 불교문화, 나라시대의 국교의 전제로서 통일신라와 발해의 정치와 문화 등. 나는 중세의 수업에서는 고려청자와 한글을 거론한다.

나는 일조관계사를 언급할 경우, 오카야마(岡山)라는 지역에 근거한 사실(史實)을 가능한 한 모아서 교재화하는 일을 해왔다. 오카야마현에 이총(耳塚)이 있는 것 등, 새로운 사실도 발굴하였다. 이러한 사실을 시대별로 정리해 보면, 원시 4항목, 고대 17항목, 중세 4항목, 근세 14항목, 근대 15항목, 합계 54항목이 되었다. 말하자면 이『오카야마와 조선-지역 일조관계사』를 나 한 사람의 교재로 그치는 것이 아니라, 오카야마현의 많은 교사가 활용했으면 한다. 그러나 이 지역의 출판사는 채산이 맞지 않다고 좀처럼 활자화하려고 하지 않는다.

인권보장의 국제화와 재일조선인
[特集 : 在日朝鮮人を考える] 人権保障の国際化と在日朝鮮人

김동훈은 오사카경제법과대학 교수를 역임하였다. 그는 재일조선인과 인권에 관하여 언급하며, 인권의 국제적 보장과 일본, 거주권과 법적 지위, 일할 권리와 취직 차별, 사회보장과 생존권에 관해 설명한다. 그는 일본인 마음속의 차별을 없애기 위해서는 모든 장(場)에서의 교육, 특히 학교 교육의 철저한 반차별적인 교육이 필요하다고 주장한다.

들어가며

제2차 대전 후 국제연합을 중심으로 국제사회가 추진한「인권의 국제적 보장」의 조류는 역사적, 정치적으로 일본사회에 깊게 뿌리를 내리고 있는 차별구조의 일각을 무너뜨리려고 한다. 그리고 무엇보다도 주목해야 할 것은 국제인권규약의 비준요구운동을 통해서 피차별자, 그 중에서도 재일조선인의 인권의식이 높아진 것이다. 다시 말하면, 이제까지는 제도적·사회적 차별에 대해서 거의 체념에 가까운 심리 상황에 있었던 재일조선인은 국제인권규약 안에 자신들의 주장 또는 요구의 법적 근거를 찾아내고,「역사적 특수성」만으로「해결」하지 못한 그때까지의 차별철폐운동에 탄력이 더해질 수 있었다. 본고에서는 국제인권규약이 일본에서 효력을 발한 지 2년이 되는 현재도 아직 일본사회에 널리 퍼진 재일조선인에 대한 제도적·사회적 차별을 세계인권선언, 국제인권규약 및 난

페이지
26-35

필자
김동훈(金東勳, 미상)

키워드
국제인권규약,
재일조선인, 난민조약,
거주권, 차별

해제자
김경옥

민조약 등 국제인권문서에 비추면서 불합리성 또는 부당성을 다시
한번 호소하고, 그 개선을 위해 피차별자 자신을 포함해 누가 무엇
을 해야 할지를 생각해보고자 한다.

1. 인권의 국제적 보장과 일본

모든 사람의 인권과 기본적 자유의 보편적 존중은 현대 국제사
회를 구성하는 모든 국가의 책무이며 과제이다. 일본은 국제사회
복귀 과정에서 당연히 인권과 기본적 자유의 존중을 국제적으로
약속하고 있다. 그런데 세계인권선언이 국가를 법적으로 구속하지
않고, 국제헌장의 인권규정이 구체적이고 동시에 적극적 의무를
부과하지 않는다는 것을 이유로 법적·제도적 차별 철폐에 관해
소극적 태도를 계속 취해 온 것은 주지한 대로이다. 인권의 국제
적 보장에 대한 일본의 소극적 자세는 국제연합에서 채택된 것만
으로도 19개 국제인권조약 가운데, 일본이 비준하고 있는 것은 국
제인권규약 및 난민의정서를 포함해 겨우 5개 조약에 지나지 않을
뿐이다.

2. 거주권과 법적 지위

재류외국인에 대한 처우는 지배와 관리라는 행정 측의 필요성만
이 아니라 당해 외국인의 인권 존중이라는 입장에서 결정되어야만
한다. 그리고 재일조선인의 법적 지위는 인권 존중의 입장에 더해
역사적 정주원인, 거주력, 나아가 거주실태를 존중해서 결정했어야
한다. 재일조선인의 거주권의 안정화를 위해 빠질 수 없는 것이
외국인등록법의 적용 또는 운용의 개선이다. 등록증 상시 휴대 의
무는 지문날인 의무와 나란히 정주외국인을 잠재적 범죄인으로 간
주해서 관리하고 있다는 비난에서 벗어날 수 없고, 재일조선인의
법적 지위와 안정은 우선 이 두 제도의 시정 또는 개선에 의해 행

해져야 할 것이다.

3. 일할 권리와 취직 차별

재일조선인의 일할 권리와 직업선택의 자유는 차별받는 일 없이 보장되었을까. 주지한 바와 같이 답은 부정적으로, 재일조선인의 일할 권리는 역사적으로 그리고 오늘날도 비합리적인 제한과 차별을 받는 것이 실상이다. 이것은 1976년의 『입관백서(入管白書)』에서 밝히고 있는 것처럼 약 67만 명의 한국적과 조선적을 가진 사람들 중에 40만 명 가까운 사람이 무직 또는 직업불명이고, 남은 사람들도 대부분 자유업 또는 단순노동자라는 사실이 말해 준다.

4. 사회보장과 생존권

재일조선인의 사회보장에 대한 권리는 1965년의 「한일법적지위협정」에 의해 생활보호 및 건강보험의 적용이 인정되었지만, 국제인권규약 및 난민규약의 비중에 수반된 개선조치까지는 전후 삼십 수년간 그 대부분이 부정되어 왔다. 이러한 외국인의 사회보장에 대한 권리의 부정은, 국고 부담을 동반한 외국인의 생존권 보장은, 본래 당해 외국인의 본국에 의해 보장되어야 할 성질의 것이고, 거주국 즉 일본이 보장하지 않아도 된다는 논리를 가지고 있다. 이러한 논리는 모두 살펴본 것처럼, 사회보장에 대한 권리의 본질을 오인하고 있는 것으로, 「국고」란 국민만이 아닌 외국인을 포함한 모든 주민이 납부하는 세금으로 이루어진 사실에 눈을 돌려, 의도적으로 외국인의 생존권을 부정하려고 하는 것이다. 이처럼 종래의 외국인에 대한 사회보장 부정은 기본적으로 잘못된 것이고, 불합리적 차별에 의한 인권부정으로 국제인권규약 비준 후 바로 시정되어야만 했다.

5. 민족교육의 보장-결론을 대신하며

마지막으로, 종래의 법적·제도적 차별을 지탱해온 일본인 마음 속의 차별을 없애기 위해서는 모든 장(場)에서의 교육, 특히 학교 교육의 철저한 반차별적인 교육이 필요하다. 이 점에 관해서는 일본 정부 스스로 국제인권규약에서 「교육이 … 제(諸)국민 사이 및 인종적, 종족적 또는 종교적 집단 사이의 이해, 관용 및 우호를 촉진할 것 … 을 가능하게 해야 한다는 것에 동의」하고 있는 것에 대해 지적함으로써 마치고자 한다.

회한과 회구의 조선

[私にとっての朝鮮·日本] 悔恨と懐旧の朝鮮

오치아이 히사오는 이전에 회사원이었다. 그는 이 글에서 자신의 이름과 생일에 얽힌 얘기를 소개하며 어린 시절 아버지를 무책임하고 도움이 안되는 사람이라고 인식했지만, 조선어(한국어)를 배우면서 조선에서 태어난 아버지와 일본에서 태어난 자신과의 사이의 낙차를 메울 수 있는 공통의 토양이 조선어라는 것을 깨닫고 아버지를 이해하게 되었음을 말하고 있다.

나의 일가가 백부(어머니의 오빠)를 의지하여 평양으로 이주한 것은 1932년 9월, 내가 소학교 6학년 때였다. 하급관리였던 아버지가 주식에 손을 대고 실패한 끝에 야반도주와 마찬가지인 도항이었다. 예전에 A씨는 그 논문에서 조선에 건너온 일본인을 「밥줄이 끊어진 사람, 개척단, 모험상인」으로 분류했지만, 나의 일가는 전형적인 「밥줄이 끊어진 사람」의, 그것도 상위에 어울리는(?) 일가였다. 철도에서 일하고 있던 백부의 도움으로 아버지는 전기회사의 사무원, 누이는 전화교환수, 어머니는 편물 부업으로 일가 총동원하여 일했지만, 대출금 변제 등으로 생활은 변함없이 힘들었다. 3학기가 되면 졸업 후의 진로를 정해야만 한다. 학자금의 전망이 서지 않았던 나는 중학교 진학을 포기하고, 어머니가 권해 주신 관비제도가 있는 사범학교의 시험을 보았다. 다행히 합격, 관비생 전형에서도 합격했다. 관비생은 매월 일정 금액이 총독부에서 지

페이지
186-189

필자
오치아이 히사오
(落合尚朗, 미상)

키워드
도항,
조선민족 황민화교육,
조선인지원병제도

해제자
김경옥

급된다. 그 중에서 교과서비와 수학여행 적립금 등을 제외한 나머지 7엔 50전을 매월 받을 수 있다.

동급생 중 일본인은 약 10%인 8명뿐이고, 나머지는 전부 조선인이었다. 나처럼 소학교 6학년을 마치고 입학한 사람은 적었고, 조선인 동급생 중에는 아내나 자녀가 있는 사람도 몇 명 있었다. 그래서 처음 1~2개월은 뭔가 위화감 같은 것을 느꼈지만, 1학기 중간 정도를 지나니까 완전히 친해졌다. 집에 놀러 와서 어머니의 손으로 만든 일본요리를 「일본인은 이렇게 물기 있는 것을 먹는 거야?」하며 이상한 듯한 표정을 짓는 친구도 생겼다. 그렇다고는 해도 사범학교 5년간은 완전히 조선민족 황민화교육을 위한 교원양성 교육이었다.

1938년 졸업 후, 평양 교외의 J.T 보통학교에 부임하였다. 전년 7월, 노구교의 총성을 계기로 발발한 일중전쟁은 확대일로를 걷고 있었고, 그 해 4월에는 조선인지원병제도가 시행되었다. 나는 아이들에게 어른이 되면 훌륭한 병사가 되라고 말하고 매일 아침 큰소리로 「하나, 우리는 천황폐하에게 충의를 다한다」고 제창하였다. 그런 주제에 나 자신의 징병검사는 제2을종으로 현역면제였다. 실로 언행불일치의 견본인 것이다.

패전 후, 나는 고등학교에서 근무하게 되었다. 그 학교에는 항상 십 수 명의 재일조선인 2세와 3세가 재적하였다. 거기서 가장 문제가 된 것은 역시 취직이었다. 어느 날, 나는 교장에게 한국적·조선적 생도의 취직에 관해 더 적극적으로 행동해달라고 호소한 적이 있었다. 전전 일본의 행동에 대해 속죄하기 위해서라도 지금 그것이 필요하다고 내가 말했을 때, 교장은 약간 곤혹스런 표정으로 「이런, 언제까지나 옛날 일을 꺼내면 곤란한데.」하고 말했다. 사람은 자신에게 불리할 때는 열심히 잊으려고 한다. 하지만 나는 교장의 그 말에 분노(원래, 교장은 옛날 일을 잘 모르고 있을지도 모른다. 모르는 것은 잊을 수조차도 없다.)를 느꼈다.

사가미댐의 역사를 기록하다

[私にとっての朝鮮·日本] 相模ダムの歴史を記録する

하시모토 도시코는 사가미호수댐의 역사를 기록하는 모임의 회원이다. 그는 사가미호수댐 건설의 역사에서 중국인과 조선인 강제연행의 역사를 조사하면서 조선인의 강제연행과 죽음을 규명하는 것의 어려움을 밝힌다. 그것은 일본인에게 조선인 멸시가 뿌리 깊게 남아 있고, 많은 일본인이 참가한 15년전쟁에 대해서도 그 전쟁책임을 스스로의 문제로서 받아들이지 않는 점이 중대한 요인임을 지적한다.

아침, 저녁으로 낯익은 호수. 내가 태어나고 자란 사가미(相模)호수. 지금은 아무 특별한 것이 없는 이 호수의 수면을 바라보고 있을 때, 삼십 수 년의 시간의 흐름을 느끼지 않을 수 없다. 사가미호수댐의 출현이 결코 산촌 하나의 가나가와현 한 곳의 역사만이 아니라 당시의 일본사회의 농축된 모습이다 – 는 공통의 인식을 가진 자가 모여, 「사가미호수댐의 역사를 기록하는 모임」을 6년 전에 발족하였다. 사가미호수댐 건설의 역사, 특히 중국인, 조선인들에 대한 강제연행의 역사를 기록하고, 알려지지 않은 역사, 잊혀져 가는 역사를 많은 사람들에게 알리려고 시작한 것이다. 나는 이 모임이 발족하기 1년 전, 방중할 기회를 얻어 종종 중국 각지를 여행했다.

강제연행의 역사를 찾아보면 중국인과 조선인과는 상당히 다른

페이지
189~190

필자
하시모토 도시코
(橋本登志子, 미상)

키워드
사가미호수댐,
중국인, 조선인,
강제연행, 전쟁책임

해제자
김경옥

것을 알게 되었다. 중국인의 경우, 강제연행 된 연월일로부터 그 인원수, 그리고 사망자 수까지 확실하게 나오는 것에 대해, 조선인의 경우는 연행된 인원수는 물론이고 사망자수도 모두 추정으로밖에 나타낼 수 없는 점이다. 확실히 당시는 「자유노동자」와 「모집노동자」라는 2종류가 있었기 때문에 조사가 곤란한 점이 있을지도 모른다. 이것은 사가미호수만이 아니라 다른 강제연행현장에서도 비슷한 것 같다. 패전 당시, 중국은 전승국이었기 때문에 일본정부에 대해 강제연행자수를 바로 조사하게 한 점과 조선의 경우는 그것이 불가능했다는 것이 크게 작용한 것 같다.

그러나 우리가 당시의 사정을 알기 위해 물어보면, 어떤 증언자라도 모두 조선인노동자는 가장 위험한 작업을 시켰다고 말하고 있다. 그리고 많은 사망자를 낸 사고에 관한 이야기에도 조선인이 나옴에도 불구하고 추정 사망자는 19명에 지나지 않는다. 중국인의 경우는 1944년 4월 21일에 287명이 연행되었고, 45년 7월 13일까지 28명의 사망자(병사(病死)가 많다)를 낸 것에 대해, 조선인의 경우 「모집노동자」만으로도 약 350명에 이르는데 사망자수 19명이라는 것은 너무나도 조악한 수라고 밖에 말할 방법이 없다. 게다가 일본인 사망자수는 33명이라고 기록되어 있다.

어떤 일본인 순직자의 유족은, 「내 동생이 사고로 죽었을 때에는 일본인만이 아니라, 조선인도 확실히 사망한 것 같은데 어떤 회사(구마가이구미(熊谷組))의 사람들이 조선인의 시체는 괜찮으니까 빨리 일본인의 시체를 찾으라고 말했다」고 한다. 이때의 사고는 상당히 큰 사고로 1번에 5명이나 사망자가 나온 것까지는 알았지만, 이 사고로 죽은 조선인의 이름은 현재도, 사망년월일과 사망자 이름이 새겨 있는 「댐건설 순직자 위령비」에서는 찾아볼 수가 없다. 이렇게 하나의 사고에 관한 조사만을 찾아보아도 조선인강제연행의 실태를 규명하는 것의 곤란함이 느껴진다. 그것은 메이지 이후의 일본인에게 서서히 생긴 아시아인 멸시, 특히 조선인 멸시가 뿌리 깊게 남아 있는 것, 그리고 많은 일본인이 참가한 15년 전쟁에 대해서도 그 전쟁책임을 스스로의 문제로서 생각하는 것을 게을리 해 온 점, 그것이 중대한 요인으로 생각된다. 방관자도 또한 가해자라는 것을, 지금 생각할 시기가 된 것은 아닐까.

나에게 있어서의 조선·일본

나와 조선

[私にとっての朝鮮·日本] 私と朝鮮

후지타 이치로는 철도직원이었다. 저자는 기타 사다키치(喜田貞吉)교수의 「일선양민족동원론(日鮮兩民族同源論)」을 읽고 철도직원으로서 조선에 전근하여 일본과 조선의 '융화'를 위해 조선인 부인과 결혼하고자 하였으나, 조선과 일본의 다름을 깨닫고 결국 일본인 부인과 결혼하여 살게 된 자신의 이야기를 소개하고 있다.

나는 1910년, 고등소학교를 졸업하고 14세에 철도원(나중에 철도성, 현 국철)의 역무원으로 취직했다. 1921년 도호쿠대학(東北大學)의 기타 사다키치(喜田貞吉)교수의 「일선양민족동원론(日鮮兩民族同源論)」을 읽고 그것을 완전히 믿어버렸다. 그 무렵은 조선을 「병합」한 시대로 후년 이 일선양민족동원론은 시국에 영합한 설이라는 비판이 있다는 것을 알았지만, 당시의 나에게 그것을 식별할 만큼의 학문은 없었다. 한편, 나의 장형(長兄)이 징병되어 육군보병으로 조선 헌병 시험에 합격하고 강원도 춘천군 양구읍의 주재소에 근무하고 있었기 때문에 그 해 형을 방문하였다. 관부연락선(關釜連絡船)에서 내려서 부산-경성 간은 기차, 경성-춘천 간은 승합자동차를 타고, 춘천에서 양구까지 약 20킬로미터는 도보로 왕복하는 여행이었다. 그리고 이 여행을 통해서 나는 기타설(喜田說)을 확인한 느낌이 들어 결국 이 조선이 좋아졌다.

이 무렵, 관부연락선이 철도성 소관으로 그 발착업무로 인해 부

페이지
190-192
필자
후지타 이치로
(藤田市郎, 미상)
키워드
기타 사다키치
(喜田貞吉),
일선양민족동원론,
징병, 융화
해제자
김경옥

27

산사무소가 있다는 것을 알았기 때문에 나는 바로 부산 전근 희망을 신청하였다. 일개 고용원의 갑작스런 바람이었지만 이루어져서 부산영업소의 화물 및 개찰계원이라는 전근 사령을 받았다. 1921년 11월, 25살이었다. 나는 이 사령을 손에 쥠과 동시에 조선부인을 아내로 맞이하여 「융화」의 열매를 손수 보여주자고 몰래 결의하였다. 25세의 독신 청년이 착임한다고 해서 결혼 얘기, 양자 얘기, 맞선 얘기 등도 있었지만, 나는 일체 상대하지 않고, 오직 조선부인을 맞이할 수단을 생각하고 있었다. 그러나 그것이 불가능에 가깝다는 것을 점차 알게 되었다. 그것은 조선에 씨족제도가 엄연히 존재하고 있고, 일본의 여학교 졸업 정도가 되면, 조선에 3개 학교만 있던 경성, 평양, 진주의 고등여자보통학교의 졸업자이고, 양반급이나 자산가인 자녀뿐이다. 아버지로부터의 엽서에 의하면 아내가 될 여자의 이름은 히사(ヒサ), 나이는 22세였다. 1924년 4월에 결혼, 다음 해, 나는 시모노세키역(下關驛)으로 전근하였다.

아내를 잃은 지 이미 11년이 되지만, 사람들에게 자랑하고 싶을 만큼 양처현모였다. 5명의 자녀가 있었지만, 전부 엄마 편이었다. 내가 「엄마는 조선인 대용품이야」하고 말하는 것을 아내는 거역하지 않았고, 아이들에게도 책망하지 않았다. 이것은 나의 가정에 조선에 대한 친근감이 배어 있었기 때문이 아닐까.

나에게 있어서의 조선·일본
나의 구애
[私にとっての朝鮮·日本] 私のこだわり

이종웅은 학원의 교사이다. 그는 어릴 때에는 자신이 조선인이라는 것에 많은 구애를 받았지만, 대학에 입학하면서부터 조선의 이름을 사용하고, 조선인 문학서클에 가입하여 동포작가의 문학에 심취한다. 「조선의 물을 마시고, 조선의 땅에서 자라 머리끝에서 발끝까지 조선인」이라는 작가의 표현처럼 앞으로도 새로운 형태로 조선에 계속 구애받고 싶다고 말하고 있다.

어느 잡지에서 「당신이 구애받고 있는 것은」이라는 제목의 투고를 모집하고 있는 것을 본 적이 있었다. 그때 나에게 「구애」란 조선인이라는 점 아닐까 하고 생각했다. 재일조선인 3세인 나에게 있어서 조선이라는 말의 총체가 내가 구애받는 모든 것이라고 생각했다. 나는 지금까지 조선에 상당히 구애받아 왔다고 생각한다. 민족적 의식이 희박했던 무렵, 조선이라는 단어는 어두운 부(負)의 이미지로서 도피의 대상이 된 것이었다. 자신으로부터 그 조선을 전면에 내세울 것도 없이, 태어날 때부터 착 달라붙어 있는 어두운 그림자 같은 존재로만 생각되었다.

언제부터였을까? 내가 조국 조선이 좋아져서, 남들이 보았을 때 너무 심하다고 말할 만큼 조선인으로서의 자신감을 갖고 행동하기 시작한 것은. 굳이 그 계기를 하나 거론하자면, 대학 입학과 동시에 본명을 사용한 거라고 말할 수 있을 것이다. 그때까지는 많은 재일

페이지
194-196

필자
이종웅(李宗雄, 미상)

키워드
구애, 조선인,
부(負)의 이미지,
민족청년운동

해제자
김경옥

3세가 그러했던 것처럼, 일본 이름을 사용해서 중학교와 고등학교를 다녔다. 내가 입학한 대학에서는 명칭의 맨 앞에 「한국」과 「조선」이라고 붙는 2개의 동포 서클이 있었다. 나는 2개의 서클 포스터와 외국인등록증의 국적란을 견주어보며, 문에 태극기가 붙어 있는 방을 찾아가 보기로 했다. 거기서 처음으로 같은 대학에서 배우는 동포학생을 접한 것도 있지만, 왜인지 안심이 되었던 것을 지금도 기억한다. 이후 나는 졸업할 때 까지 그 서클에 적을 두게 되었다.

원래 문학을 좋아해서인지, 나는 서서히 동포작가의 작품에 빠져들게 되었다. 문학을 조금 아는 학생이라면 누구나 경도되듯이, 나도 남 못지않게 다자이 오사무(太宰治)의 펜을 자칭하고 있었지만, 조선인이기에 재일조선인 문학에 끌리는 힘에는 견줄 수가 없었다. 나는 탐욕스럽게 동포작가의 작품을 계속 읽어갔다. 그 가운데 만난 어떤 주인공을 형용한 한 구절을 잊을 수가 없다. 지금도 그 말은 나의 목표가 되어 있고, 이상이기도 하지만, 말하자면 「조선의 물을 마시고, 조선의 땅에서 자라 머리끝에서 발끝까지 조선인」이다.

이 말처럼 우리 재일 3세에게 있어서 부러운 것은 없다. 항상 자신은 조선인이라고 자기주장하지 않으면 안되는 재일조선인이라면, 이 주인공처럼 불평 없이 조선인이라고 절대로 틀림없다고 보증을 한다는 것이 얼마나 부러운 것인가. 생각해보면, 나의 조선인이 되기 위해 자기를 건설하는 작업은 그 때부터 시작되었던 것이다. 나는 지역 청년들과의 교제에서 이번에는 지역생활에 밀착된 민족과의 만남을 가졌다. 똑같은 생각을 갖고 있던 몇 명의 멤버와 조금 강경한 수단이었지만, 방에 열쇠를 걸기도 하고 OB처럼 대우하기도 해서 학습회에 참가하려고 하지 않는 자를 배제하였다. 그리고 새로운 민족서클로서 다시 태어나 신입생을 맞이할 준비를 시작한 것이었다. 4년 전 나처럼, 조선에 관한 어두운 이미지에 구애받으면서 입학한 동포학생을 위해 솔직한 감각으로 민족이라는 것을 접할 장소를 제공하는 것이 필요하다고 생각한 것이다.

이처럼, 나의 민족과의 만남은 다양한 형태가 있었다. 그리고 시행착오를 거치면서 현재 민족청년운동에 적극적으로 관여하게 되었다. 앞으로도 새로운 형태로 조선에 계속 구애 받고 싶다.

나에게 있어서의 조선·일본
45세의 추억
[私にとっての朝鮮·日本] 四十五歳の追憶

김준일은 조리사였다. 45세의 저자는 머리에 비친 흰머리를 보면서 45세에 병으로 일찍 세상을 떠난 아버지를 생각한다. 1945년 해방의 날, 처음으로 자신에게 조국의 언어로 본인의 이름을 알려 주시던 아버지가 20년 가까운 재일(在日)의 생활에서 가장 행복했던 때가 아니었을까 회상한다.

거울에 비친 나의 두발에 하얀 것이 보인 지 오래되었다. 45세, 세상의 상식으로 보면 조금 빠른 듯한 느낌이 든다. 스스로 말하는 것도 우습긴 하지만, 두발이 하얀 것을 빼면 어떻게 봐도 심신 모두 7~8세는 젊어 보이고 또 그렇게 보인다. 날마다 늘어가는 백발을 분한 듯이 응시하고 있으면 먼 옛날 긴 투병생활로 여위어서 지금은 돌아가신 아버지의 하얀 턱수염이 선명하게 떠오른다. 생각해 보면 아버지도 당시 45세였다.

일본의 패전 후, 2번 정도 있었던 조국 귀환의 기회도 여러 사정으로 망향의 념(念)을 크게 남기고 단념하셨다. 그리고 병으로 쓰러져 1950년 봄, 아버지는 어느 대학병원의 한쪽 구석에서 짧은 생애를 마쳤다. 긴 투병생활로 모든 재산을 잃어버리고 남은 것은 5명의 어린 자녀뿐이었다.

아버지가 언제쯤 일본에 오셨는지는 모른다. 일본이 패전한 해에는 필시 재일(在日) 20년은 경과하였다고 생각된다. 그렇다고 한

페이지
196-197

필자
김준일(金俊一, 미상)

키워드
백발,
망향의 념(念),
귀국선, 모국어,
아버지

해제자
김경옥

다면, 아버지는 20세 전후의 젊은 나이에 다른 동포와 비슷비슷한 경우로 일본에 와서 일본 각지의 공사현장을 다녔을 것이다. 그것을 기념하듯이 현장을 옮겨 다니며 그 토지에서 자녀를 낳았다. 내가 태어난 것은 효고현(兵庫縣), 동생은 돗토리현(鳥取県), 차남은 교토시(京都市), 3남과 4남이 시즈오카현(静岡県)이었다. 그리고, 1945년 8월, 시즈오카현의 시골에서 해방의 날을 맞이한 것이다. 그 때의 아버지의 면모는 아무리 해도 생각나지 않는다. 그러나 태어나서 처음으로 조국의 언어를 배우고, 나의 성이 김이라고 가르쳐 주었다. 최근, 조국으로 돌아가려고 신바람이 난 아버지가 장남인 나에게 하다못해 본명과 간단한 인사 정도의 모국어를 가르쳐 주고 싶었던 것일까. 아버지 자신도 기분이 좋아서 모국의 언어를 말하게 하는 것의 기쁨을 만끽하였을 것이다. 그 때가 아버지의 20년 가까운 재일(在日) 생활에서 가장 즐거웠던 시대가 아니었는지 하고 생각한다. 그런 기쁨도 잠시, 귀국선을 기다리기 위해 마이즈루항(舞鶴港)의 근처에서 대기까지 했지만 단념하지 않을 수 없었다.

드디어 체념하지 못했던 심경도 겨우 안정되어 생활기반도 정리되고, 앞으로 라고 말할 때 아버지의 몸속에는 병마가 진행되어, 약 2년 정도의 병상 생활 끝에 45세의 젊은 나이로 세상을 떠났다. 5명이나 자녀가 있으면서 한 번도 모국의 언어로「아버지」라고 불린 적도 없었다. 그 때, 내가 15세, 막내 동생이 7살이었다.

아버지가 돌아가신 후, 얼마 되지 않아 그 슬픔이 채 가시기도 전에 어머니는 5명의 어린 자녀를 두고 집을 떠났다. 남겨진 자녀들이 어떻게 오늘까지 살아온 것인지 자세히는 생각나지 않는다. 바램은, 아버지의 위패를 갖고 아버지와 선조가 태어나고 자란 산하를 실컷 보고 싶다. 그리고 선조의 묘 앞에 잠시 멈춰 서서 선조들의 피가 내 몸속에도 면면히 흐르고 있다는 것을 알려주고 싶다.

온돌방
おんどるばん

역사서술에 엄정한 태도를 도쿄도 나카노구(東京都中野区)·후지와라 쇼코(藤原詔子)·회사원·24세

제27호의 특집 「조선의 민족운동」을 읽고, 남북조선이 그 정치적 대립 때문에 민족 공통의 역사까지도 현저하게 왜곡되어 그 틈이 점점 깊어가는 것을 새롭게 통감하였다. 민족운동에 대한 평가의 차이는 오늘날 남북조선의 정치적 입장의 차이에서 생각했을 때 당연하다고 하면 당연하겠지만 그렇다고 해도 민족 공유(共有) 유산인 민족운동사가 정치적 도구가 되고, 혹은 정치적 제약으로 갈기갈기 상처받는 것은 상당히 안타깝다. 또, 1920, 1930년대의 프롤레타리아 문학운동에서도 두드러지게 나타난 것처럼 평가가 어긋나는 것에만 그치지 않고, 그 시대 안에서 상당한 업적을 남기면서 남북 쌍방의 역사에서 누락되어 거의 무시되고 있는 문학자의 존재에 이르러서는 분단이 초래한 하나의 위기의 상징처럼 생각된다. 「역사서술에 엄정한 태도」라는 것은 어느 시대에서도 용이하지 않을지도 모른다. 그러나 언젠가 통일 조선의 역사가 서술되는 날을 위해서라도 분단의 골짜기에 버려지려고 하는 수많은 귀중한 사실을 성실하게 추적할 수 있길 간절히 바란다.

페이지
254-256

필자
독자

키워드
역사서술, 조선문제

해제
김경옥

34

「교키의 시대(行基の時代)」에 깊은 감명 후지시(富士市)·가토 하루(加藤はる)·주부·59세

본지 연재의 김달수(金達壽)씨의 「교키의 시대」가 종장을 맞이했지만, 이것을 기회로 서장부터 새롭게 다시 읽어보고 싶다. 소설과 역사연구가 혼연이 된 독특한 작품이라고 생각한다. 김 씨의 작품 중에 큰 의의가 있는 『일본 안의 조선문화』를 이전부터 흥미롭게 읽어온 나는 이 「교키의 시대」에 깊은 감명을 받았다. 『일본 안의 조선문화』는 앞으로도 몇 권의 책이 더 나오겠지만, 하루라도 빨리 완성되길 기대한다.

조선문제의 중요성 가케가와시(掛川市)·스즈키 요시에(鈴木よしえ)·회사원·28세

『계간삼천리』에 연재 중인 신기수(辛基秀)씨의 「재일조선인」을 애독하고 있다. 조선문제에 관심이 있음에도 불구하고, 지극히 가까운 곳에 있는 재일조선인과의 교류가 없었던 나에게 있어서 이 시리즈는 그라비아(グラビア) 사진과 함께 상당히 공부가 된다. 매우 구체적이고, 게다가 일본에게 있어 조선문제의 중요성을 말해주는 것 같다. 또한, 재일조선인이 걸어온 고통으로 가득 찬 여정과 함께 그 생명력에 깊은 감명을 받았다. 앞으로도 다양한 인물의 모습을 소개해주기를 기대한다.

일본인 측의 냉정한 비판을 오카자키시(岡崎市)·오쿠보 도시아키(大久保敏明)·교원·37세

7월 중순 경, 내년부터 NHK 「조선어강좌」가 개설된다는 기사를 신문에서 본 친구로부터 이야기를 듣고 깜짝 놀랐지만, 아직 반신반의인 채로 확인도 하지 못한 채 오늘에 이르렀다. NHK에 전화나 편지로 물어보려고 했지만, 그것보다 먼저 개설 운동의 중심이 된 사무국장인 야하기 가쓰미(矢作勝美) 씨에게 경과와 개설 예정의

진상에 대해 듣고 싶어 펜을 들었다. 『조선연구』지는 한국에서 「왜 조선어인가(なぜ朝鮮語か)」라는 큰 비난 운동이 펼쳐지고 있다고 비난하고 있다. 이런 운동에 대한 일본인 측으로서의 냉정한 비판을 제대로 해야 한다고 생각한다.

마음의 친구가 늘어난 생각 스이타시(吹田市)·야마시타 하지메(山下肇)·대학교수·61세

올 봄, 동대 교수를 정년 퇴임하고, 오사카로 옮긴 무렵, 지난 6월에 간사이대학(関西大学)에서 강연한 강재언(姜在彦)씨와 인사를 나눌 기회가 생겨 매우 기뻤다. 앞으로 오사카에서 깊어질 연(緣)이 기대된다. 작년 가을에는 『학사회회보(学士會會報)』에 귀지(貴紙) 24호에 기고한 「유대인과 조선인」과 같은 주지(主旨)의 「유대의 시와 진실」을 썼는데, 워싱턴 재주(在住)의 한국 출신의 모(某)씨(경성대학을 나와 같이 쇼와17년(1942년)에 졸업한 사람)로부터 동년배의 친분으로 절절한 편지를 받았다. 이것을 기회로 서신 왕래가 시작되어 귀지에 기고한 원고를 복사해서 보내주었다. 그 친구로부터의 서신에는 재미(在美) 경험에서 나온 유대인관과 그 자신의 일종의 망명생활도 있어서 걱정을 함께 하는 졸고에 대한 공감이 적혀 있었다. 미국에 마음의 친구가 한 명 늘어난 기분이다.

웃어넘겨 주세요 후쿠오카시(福岡市)·도마리 가쓰미(泊勝美)·신문기자·49세

『주간 아사히(週刊朝日)』(10월 9일호)의 「조선인 작가·김달수 씨 37년만의 방한 후 사면초가」를 읽고 안절부절하면서 펜을 들었다. 재일 정치범 감형을 위한 청원, 그 용기를 찬양한다. 멈출 수 없던 망향의 념도 이루고 김씨가 「할머니와 5년간 고생하며 살았던 집」을 방문할 수 있어서 정말 다행이라고 생각한다. 모두 끈질

기계 살아남은 민중의 모습에 감동 받고, 이진희 씨가 말한 것처럼 청원에 관해서도 「조금이나마 힘이 되었을지도 모르기」 때문에 나는 여러분에게 박수를 보낸다. 사면초가이든 아니든, 여러분에게 「이따금씩 그늘이 보이는」 일은 결코 없을 것이다. 웃고 넘겨주시길.

연재를 마치면서 본 호 집필자, 다카사키 류지(高崎隆治)

내가 쓰지 않으면 필시 일본인은 누구도 쓰려고 하지 않겠지 하는 상념으로 어쨌든 말하고 싶은 것의 몇십분의 일은 쓴 것 같다. 지금, 연재하는 「일본인 문학자가 파악한 조선」을 끝내고 오히려 그것보다는 이것을 거론했어야 하는데, 라는 소재 선택의 반성이 몇 개인가 있다. 예를 들면, 오사라기 지로(大仏次郎), 고지마 마사지로(小島政次郎) 등, 대중소설이 조선이나 조선인을 어떻게 그렸는지 혹은 김사량(金史良), 장혁주(張赫宙) 등 조선인 문학자를 당시 일본의 문학자들은 어떻게 평가했는지 등 꼭 써야만 했던 것이다. 이러한 테마로 쓰는 장(場)은 본지 이외에는 없을 테니까 이 일의 중요함을 느끼지 않을 수 없지만, 그러나 언젠가 이 연재를 단행본으로 엮을 때가 온다면, 그것을 덧붙여 쓰고자 한다. 더 말하자면, 이번 호에 게재한 자료목록은 불비(不備)이기는 하지만, 이미 수년 전부터, 기회 있을 때마다 노트에 적어 두었던 것을 중심적으로 엮은 것이지만, 지금까지 일본인의 누구 하나도 이러한 것을 작성하려고 하지 않는 때에, 나는 일본의 불행한 역사가 앞으로도 계속될 것이라는 것을 예감하지 않을 수 없었다. 나는 전쟁 책임과 식민지정책 책임이 등가(等價)라는 것을 자각하는 것에서부터 일본인 문학자의 조선관 또는 조선인관을 알아보려고 뜻을 두었지만, 그간 많은 재일조선인으로부터의 조언이나 격려를 받은 반면, 일본인의 조언이나 격려는 예기했다고는 하지만 너무나도 적었다. 그것을 일본인의 무자각·무책임이라고 정해 버리는 것도 가능하겠지만, 그러나 그 보다도 사실은 조언하려고 해도 조언해야 할 무언가를 갖고 있지 않다는 것이다라는 판단이 합당하게 생각되었다. 근대 문학 연구자이므로, 내 질문에 「일본인 문학자가 쓴 조선이라고 하면 어떤 것이 있을까」라는 대답 밖에 나오지 않는 것이 아닌지. 이 나라의 문학자와 문학연구자에게 절망하지 않고는 있을 수 없었다. 솔직하게 말해서, 지금 나는 문학에 흥미를 가진 사람이라기보다 일본과 조선, 혹은 조선인과 일본인이라는 문제를 생각하려는 사람들에게 내가 생각하고 조사한 것을 전하고, 또 의견을 듣고 싶다.

「교키의 시대(行基の時代)」를 마치고 편집위원 김달수(金達壽)

「교키의 시대(行基の時代)」를 연재하기 시작한 것은, 1978년 2월 제13호부터이므로 전호까지 3년 반 정도 걸린 것이 된다. 하나의 장편으로서는 그렇게 긴 시간이 걸렸다고는 말할 수 없을지도 모르지만, 그러나 나는 이 작품에서 상당히 힘들었다. 첫 번째 교키(行基)라는 일본 나라시대의 민중 불교자를 주인공으로 해서 쓰는 것에서, 나는 그 불교라는 것을 몰랐던 것이다. 대승불교, 소승불교라는 그러한 초보적 구별조차 잘 몰랐다. 다 써버리고, 나는 처음으로 불교를 공부하게 되었다. 다무라 엔쵸(田村圓澄)씨 외의 협력에 의한 교키에 관한 자료는 물론이지만, 내 책상 위에 점차로 다양한 불교서적이 늘어나 산더미처럼 쌓이게 되었다. 그리고 겨우 조금 알게 되었지만, 한마디로 불교라고 해도 그 굉장한 철학체계는 필시 서구의 기독교 정도 되는 것은 아닐까 하고 생각한다. 거기에서 나는 동양이라는 것, 아시아라는 것을 새롭게 알게 된 듯한 느낌이 든 것이다. 요컨대, 나 자신, 교키를 쓰게 됨으로 나라시대의 놀라운 사회주의자라고 말해도 좋을 그 교키로부터 많은 것을 배우게 되었다. 오늘날 사회주의란 무엇인가, 라는 것에 관해서도 여러 가지로 생각하게 되었다. 또한 「교키의 시대」는 지금 드디어 전체에 걸친 가필이 막 끝난 참으로, 조만간 아사히신문사로부터 한 권의 책으로 출판되기로 했다.

편집을 마치고 편집위원 이진희(李進熙)

지난 6월 5일, 악명 높은 「출입국 관리령」을 개정하기 위해 2개의 법률이 국회에서 성립되었다. 따라서 현행 출입국 관리령은 「출입국관리 및 난민인정법」이 되어, 내년 1월부터 시행된다. 그러나 재일조선인을 뜻대로, 「관리」해 온 자세는 개정된 법에도 여전히 짙게 남아 있는 것 같다. 입관령 개정을 계기로, 재일조선인의 재류권을 비롯한 제권리에 관해서 특집을 기획했다. 시사성 풍부한 논문이 다수 도착했지만, 특히 스웨덴의 외국인 정책을 논한 얀슨 유미코(ヤンソン由美子)씨의 논문과 아메리카합중국의 조선인의 정책을 논한 조영환(曹瑛煥)씨의 발언(대담)에는 깊은 감명을 받았다. 유니크한 「조선어강좌」를 계속하고 있는 「이카이노 조선도서자료실(猪飼野朝鮮圖書資料室)」의 근황을 보고했다. 각지에서의 이러한 충실한 활동이야말로, NHK에 조선어강좌의 개강을 재촉하는 유력한 운동이 되는 것은 아닐까. 3명의 편집위원의 방한을 중상, 비방하는 조선 총련의 운동은 지금도 집요하게 계속되고 있다. 그러나 좌담회 「3월의 방한을 둘러싸고」에서 밝힌 것처럼, 인명을 구하는 문제는 앞으로도 남의 잘못이나 실수 등에 대한 책임을 뒤집어쓸 각오로 하고, 또 구속되지 않는 자유로운 시선으로 공화국과 한국의 무엇이 허상이고 무엇이 실상인가를 규명하고자 한다.

1982년 봄(2월) 29호

다이쇼기의 '불령 조선인'

[架橋] 大正期の'不逞鮮人'

페이지
14-16

필자
와다 요이치
(和田洋一, 1903~1993)

키워드
다이쇼기,
불령 조선인,
관동대지진,
조선인대학살

해제자
김현아

와다 요이치는 독일문학자, 신문학자이며 교토 출신으로 교토제국대학(京都帝国大学) 문학부 독문과를 졸업했다. 도시샤대학(同志社大学) 문학부 사회학과 교수와 명예교수를 역임했다. 주요저서로는 『전시하 저항의 연구(戰時下抵抗の研究)1·2』와 『니이지마죠(新島襄)』등이 있다. 저자는 다이쇼기의 '불령 조선인'이라는 말을 같은 반 조선인 학생들의 태도와 성향을 살펴보면서 판단하고 있다.

나는 1916년에 도시샤(同志社)중학교에 입학했다. 같은 반에는 공(孔)이라는 성(姓)을 가진 학생과 차(車)라는 성을 가진 조선인 학생 두 사람이 있었다. 이 두 사람은 지금 생각해보면 조선 유학생의 두 타입을 표현하고 있었다고 생각한다.

공은 때로 생긋 웃는 일은 있어도 대체로 일본인 같은 반 친구와 어울리지 않았다. 선생님이 질문할 때는 일본어로 대답은 하지만 그 이외에는 말을 하지 않았다. 차는 일본인 친구가 '이봐, 차' '차, 차'라고 경멸하는 듯 말을 걸면 그 정도는 참고 있다가 조롱하는 것이 한계를 넘으면 표정이 바뀌어 '뭐라고 했어!'라고 덤벼든다. 그러나 평상시 일본인과 꽤 친하게 지낸다. 차가 '불령 조선인'같이 보이지만, 공의 속마음은 일본인과 어울리면 어울릴수록 화가 나니까 어울리지 않고, 참고 있는 '불령' 정신이 내재하고 있었다고 보아야 한다.

제1차 세계대전이 끝나고 다음 해 1919년에 조선에서 독립운동이 일어나고 만세사건이 발생했을 때 신문 기사에 없는 잔학한 탄압이 있었던 것을 일본인 같은 반 친구 한 사람이 나에게 가르쳐 주었다. 나는 반신반의했는데 그때부터 15년 전쟁이 종결될 때까지 나에게 전해졌던 유언비어는 꾸며낸 이야기보다 진실이 많았다고 할 수 있다.

1923년은 관동대지진이 발생했던 해로 '불령 조선인'이 우물에 독을 넣고 다닌다는 소문이 도쿄(東京)시 그 밖에 지역에서 나돌아 조선인 6천 명 이상이 일본인에 의해 살해되었던 해이다.

그해 4월 산코(三高, 제3고등학교)에 입학했다. 나의 옆 교실에는 조선인 김두용(金斗鎔)이 있었다. 39명의 일본인 학생과 함께 공부하면서 김두용은 아마 나와는 비교가 안 될 정도의 고립감을 느끼고 있었던 것은 아닐까. 입학한 해 9월에는 간토(關東)에서 일본인에 의한 조선인대학살이 있었기 때문에 그 후 일본인 같은 반 친구와는 정신적 거리는 한층 크지 않았을까 생각된다.

나와 같은 반에는 이택수(李宅洙)라는 조선인이 있었다. 그는 3년 간, 같은 반 친구 누구에게도 말을 걸지 않았다. 일본인이 말을 걸면 한마디 간단한 대답을 할 뿐이었다. 우리 반은 3년간 독일어가 제1외국어라서 학생 이동은 없었지만, 늘 고독했던 자였다. 나는 과거 도시샤중학교 시절의 공을 생각하지 않을 수 없었다. 이택수 또한 '불령 조선인'의 한 사람이었다고 나는 현재 생각하고 있다.

다이쇼기의 일본인이 '불령 조선인'이라는 말을 할 때, 신문의 기사로 사용할 때, 그것은 조선인에 대한 경멸, 혐오, 비난 이외의 것을 포함하지는 않았다. '불만을 품고 잘 순종하지 않는, 쾌씸한, 뻔뻔스러운'(『고지엔(広辞苑)』) 조선인도 있겠지만, 선량한 '불령'하지 않은 조선인도 많이 있다는 그러한 분류 방법에 나는 찬성하지 않는다. 다이쇼기 또는 전전(戰前)의 조선인은 모두 많든 적든 '불령 분자'였다. '불령'이 눈에 띄었던 것은 민족적인 소영웅이었던 것이고, 인간적이었다고 주장하고 싶다.

가교
추상·사전의 계절에서
[架橋] 追想·辭書の季節から

나카무라 다모쓰는 도치기현(栃木県) 우쓰노미야(宇都宮) 출생
이며 1956년에 도쿄대학(東京大学) 언어학전공을 졸업했다. 한국
외국어대학 일어과 초빙 강사와 1970년에 도호쿠대학(東北大学)
문학부 조교수를 거쳐 1981년에 교수가 되었다. 조선어의 역사언
어학적 연구에 종사했으며 2000년에 한국동숭학술재단으로부터
제4회 동숭학술상을 수상했다. 이글은 저자가 한국에 있을 때 만났
던 번역 문학가인 김소운 선생님과의 교류를 통해 학문적 영향을
받았다는 사실을 술회하고 있다.

1966년의 겨울에 나는 안국동 로터리 근처의 H출판사를 가끔
찾았다. 한국외국어대학교 일어과의 임용 기간이 끝나 박성원(朴
成媛) 선생님의 일한사전편찬을 돕는 것이 남은 나의 일이었다.
도와준다고 해도 사전원고는 완성되어 교정 단계에 있어서 그 일
부를 교열하기만 하였다. 이 사전은 전후 처음으로 정비된 일한사
전이다.

그때 편집주간인 최근덕(崔根德) 씨가 김소운(金素雲) 선생님
을 소개해 주었다. 최근덕 씨와 함께 팔정사(八正寺)의 암자에 선
생님을 방문한 것은 2월 초였다. 최근덕 씨도 첫 대면이지만 미리
계획되어 있던 새로운 한일사전 등의 편찬 요원을 채용하는 건,
원본이 되는 한한(韓韓)사전 등의 사전협의를 위한 용건도 있었다.

페이지
17-21

필자
나카무라 다모쓰
(中村 完, 1932~2005)

키워드
김소운, 문화교류,
일한사전, 한일사전,
번역

해제자
김현아

언동이 부드러우나 마음속에 뜨거운 정열을 간직한 분이다.

번역이야말로 문화교류에 중요하다는 것을 반복해서 강조하셨다. 실적으로 입증된 선생님의 발언이 순식간에 나의 희미한 생각에 명확한 형태를 부여하는 것을 공감하였다. 일본의 고전문학을 한정판이라도 좋으니까 한국어로 번역해 보고 싶다는 포부도 말씀하셨다.

앞에서 말한 『완벽일한사전』이 간행되었던 1966년 4월에는 나는 이미 귀국해 있었다. 그때는 한일사전의 작성이 드디어 진행되기 시작한 시기였다. 『정해(精解)한일사전』이 간행되었던 것은 2년 후의 1968년 5월이다. 사전 이름과 함께 보통의 소형사전 크기가 앞의 일한사전과 겨뤄서 서로 개성을 주장하고 있는 듯이 보였다.

1966년 가을 나에게는 어울리지 않게 문화교류의 기초라는 과장된 타이틀을 붙인 수필을 어느 잡지에 발표하는 기회가 주어졌다. 모든 현상의 번역 끝에 사전이 된다는 방식의 서울에서의 흥분이 아직 남아 있던 때이다. 활자화된 글을 보고 이것이 귀국 총괄보고서인 것을 알았다. 거기에 김소운 선생님의 경향이 강하게 나타나 있는 것에 놀랐다.

다시 놀라는 일이 있었다. 한국 엇— 그 미의식의 구조라는 제목의 조지훈(趙芝薰)씨 논문을 번역한 것이 그 후 같은 잡지에 게재되었다. 우연히 선생님이 이것을 보시게 되어 그중에서 인용된 시조를 번역한 시에 대해서 과분한 말씀의 편지를 받았다. 얼마 후에 선생님이 한국의 어느 잡지를 보내주셨다. 거기에는 선생님의 평론과 나의 답장 일부가 인용되어 있다. '사랑의 편지' 특집으로 실린 것인데 얼굴이 붉어지는 느낌이었다. 그러나 이와 같은 선생님의 따뜻한 격려가 없었다면 번역의 실천(이라기보다 연습)에도 번역작용에 대한 내성 문제에도 자각적으로 나아갈 수 없었다고 생각한다.

선생님은 일본과 한국의 문화교류를 두 언어 간의 가교로서 왕복이 가능하도록 몸소 실천해 왔다. 하지만 번역 일이 원문숭배의 연장으로 보이는 한 원문에 종속되어 원문과 대등한 것이라고 아직 평가되지 않는 것이 현상이다.

작년 10월 말에 도호쿠(東北)대학 일본문화연구소 주최의 공동연구 정례회에서 사회학자인 이에사카 가즈유키(家坂和之) 교수가 '소운씨의 일본관'을 발표하셨다. 날카로운 분석을 교착시키면서 인품에 대해서 담담하게 이야기하셨다. 이 부분에서 잘 몰랐던 나는 비로소 전모를 아는 기분이었다. 김소운 자신이 연구과제로 삼은 것은 일본은 물론 세계에서 처음이 아닐까. 내 일처럼 좋은 이해자 한 분을 얻은 것 같은 기분을 마음속 깊이 느꼈다.

6년에 걸친 요망
[架橋] 六年ごしの要望

페이지
21-24

필자
야하기 카쓰미
(矢作 勝美, 미상)

키워드
NHK, 조선어강좌, 한국어,
조선, 신문

해제자
김현아

야하기 카쓰미는 'NHK에 조선어강좌의 개설을 요망하는 모임' 사무국장이다. 이 글에서는 NHK 조선어강좌의 개설이 늦어지고 있는 이유는 명칭문제에 있으며, 명칭을 결정하는데 정치적 작용이 영향을 미친다고 지적하고 있다.

NHK에 조선어강좌의 개설을 신청한 것은 1977년 4월 4일이다. 조선어 강좌를 요망하는 모임이 발족하여 운동을 개시했던 것은 1976년 3월로 거의 6년이 되어간다. 작년 7월 7일자 『요미우리신문(読売新聞)』(서울 6일=공동)에 의하면 다음과 같이 전하고 있다.

NHK의 외국어강좌에서 내년도부터 새롭게 '조선어강좌'가 개설되게 되었는데 한국에서는 강좌의 명칭이 '한국어'가 아니라 '조선어'가 되어 있는 것에 강한 반발이 나오고 있다. 서울의 각 신문은 최근 일제히 1면 칼럼 등에서 이 문제를 다루고 '한국어를 사용하는 한국인이 4천만이나 있는 것을 무시한 조치'(한국일보), '식민지 시대의 아픈 기억을 상기시키는 명칭'(서울신문), '경멸과 멸시를 함축한 모욕적인 호칭'(조선일보)라고 비판하고 있다.…

한국에서도 '조선일보'와 '조선호텔' 등 일부 고유명사에 '조선'이라는 표현은 남아있지만, 일반적으로는 '조선'은 식민지 시대의 어두운 이미지이거나 '북'과 관계가 있는 말이라고 여겨지고 있다.

NHK의 강좌의 개설이 늦어진 가장 큰 이유는 '한국어인지 조선어인지'라는 명칭문제가 결정되지 않았던 점에 있다고 한다. 적대하는 남북이 각각 '한국어', '조선어'라고 칭하고 있어서 정치적 배려를 하지 않을 수 없었기 때문이다. 결국 명칭에 대해서는 '일본에서의 통칭'을 이유로 조선어라고 하고, 언어 자체는 한국에서 사용되고 있는 말을 기준으로 한다는 '명(名)과 실(実)'을 가려 쓰는 절충안이 되었다.

그리고 『요미우리신문』은 7월 10일자 신문에서 『경향신문』, 『중앙일보』(모두 6일자) 기사를 다루었다. 앞의 내용과 다른 주장은 보이지 않지만, 다음과 같은 부분이 있다. 'NHK가 조선어강좌라는 명칭에 고집하는 저의를 우리는 헤아릴 수 있다. 북의 기분을 상하게 하고 싶지 않다는 마음이 내면에 강하게 작용하고 있는 것은 종래의 일본외교의 패턴과 언론계의 편향 보도의 태도에서 알아챌 수 있다'(『경향신문』).

조선어강좌라는 명칭에 대해서는 이제까지 몇 번인가 말한 적이 있는데 우리는 대한민국이라든가 조선민주주의공화국 한 곳에 치우쳐서 생각하고 있는 것은 결코 아니다. 한반도에 자리 잡고 그곳에서 살았던 인간에 의해 역사적으로 만들어졌던 언어=문화를 가리키는 것이다.

조선어는 그 총칭이며 지리적·문화적 개념에서 말하고 또한 그 역사적 사실에서 말해도 조선어의 명칭은 결코 부당한 것은 아니라고 생각한다.

문제는 일본의 언론기관인 NHK가 외부로부터 내정간섭 같은 정치적 압력에 굴해서는 안 되는 것이다. NHK는 언론기관으로서의 사명에 투철하고 자주적으로 조선어강좌를 조속히 개강해야 한다.

조선문화와 나
[架橋] 朝鮮文化と私

마쓰시타 아키라는 '동아시아의 고대문화를 생각하는 오사카 (大阪)의 모임'의 대표 간사를 역임했다. 이글에서 저자는 일본의 근대교육에서 가장 왜곡되어 최대의 희생이 되었던 것은 조선이라고 지적한다. 조선을 바르게 이해하고 정당하게 평가해야 일본 고대사의 파악은 비로소 정상적인 궤도에 오른다고 말한다.

1972년은 다카마쓰즈카(高松塚)벽화고분이 발견된 해이고, 우리가 '동아시아의 고대문화를 생각하는 모임'을 도쿄(東京)에서 발족한 해이기도 했다. 1974년 4월에는 '동아시아의 고대문화를 생각하는 오사카(大阪)의 모임'이 시작되었다.

— 일본의 고대사상(像)을 동아시아 전체의 지역에서 다시 보고, 이전부터의 일본중심사관(史觀)을 타파하자 —

고대사—그것은 분명히 로망이다. 학문으로서 역사를 전공한 것도 아닌 내가 왜 고대사에 마음이 끌렸던 것일까… 그 대답은 먼 과거의 인간 무대에 대한 동경과도 같은 로망 때문일 것이다. 말하자면 고대사 붐 여파의 영향으로 많은 사람의 마음속에 이 로망의 향기를 발견하지 못한 사람은 없을 것이다. 나 또한 이 감미로운 꿈의 세계로 자신을 던져도 후회 없다고 생각하는 사람이었다.

고대사 재고(再考) — 그것은 현대 우리 일본인의 '속죄'라고 해야 할 일이 아닐까. 나는 모임의 사업을 진행하는 하면서 어느 샌가

페이지
24-27

필자
마쓰시타 아키라
(松下 煌, 1928~2003)

키워드
조선문화, 고대문화,
고대사, 견신라사,
고대조일교류

해제자
김현아

그런 상념에 얽매였다. 예를 들면 '견신라사(遣新羅史)'의 문제이다.

일본이 율령국가로서 체제를 갖추는 7세기 말기(669~702), 실은 그 누구라도 알고 있는 '견당사(遣唐史)'는 한 차례밖에 파견되지 않았다. 그것을 대신하여 33년 동안에 실로 10회(9회라는 설도 있지만) 많은 '견신라사'가 일본에서 파견되었다. 아스카기요미하라리스료(飛鳥浄御原律令)(689)와 다이호리스료(大宝律令)(701)이라는 고대 일본국가의 법률체계는 모두 이 33년 동안에 성립되었다. 그 지식과 시사(示唆)는 당(唐)보다 신라로부터 받은 점이 많다는 것은 자명하다. 그럼에도 불구하고 우리는 견신라사에 대한 이해는 거의 없다. 즉 현행의 고교 일본사 교과서 13종에는 견당사의 기재가 전부 보이지만 견신라사를 기재한 교과서는 오직 1종이다.

모임을 통해서 나는 일본 고대사에서의 조선에 대한 부당한 과소평가의 사례를 수없이 알게 되었다.

일본의 왕풍(王風)에 대한 흠화(欽化)를 음미하고, 무한정으로 사용하는 '귀화인'이라는 용어의 문제. 일본 각지의 조선 지명과 일본의 신 그리고 신사에 남아있는 조선명(名)의 문제. 일본의 습속과 조선의 습속과의 공통성. 일본의 고분에서 검출되는 유물과 조선 출토의 유물과의 상관(相關). 『고사기(古事記)』, 『일본서기(日本書紀)』의 기술에 등장하는 많은 가라(韓) 및 조선 3국과의 교섭의 사적(事蹟). 일본의 국가신화와 조선(특히 가야국)의 개국신화와 많이 닮음. 에가미 나미오(江上波夫)씨가 이미 발표한 부여족의 일본국 정복. 그리고 틀림없는 다카마쓰즈카(高松塚)고분벽화로 보는 조선(특히 고구려) 문화의 강한 영향 — 나는 계속해서 해명되어 가는 고대조일(朝日)교류의 사실(史實) 앞에 정말로 눈 속의 이 물질이 하나씩 하나씩 떨어져 나가는 충격에 사로잡혔다. 게다가 그것들은 극히 초보적인 지혜여서 나는 그 원시적인 단계에서 이미 많은 잘못된 이해를 하고 있었다는 것을 부끄럽게 생각한다.

고대사·최근 10년

[対談] 古代史·この10年

페이지
84-93

필자
하타다 다카시
(旗田 巍, 1908~1994),
이진희
(李進熙, 1929~2012)

키워드
귀화인, 도래인,
도래문화, 조선사,
조일관계사

해제자
김현아

하타다 다카시는 한국의 경상남도 마산에서 출생, 일본의 동양 사학자이며 도쿄도립대학(東京都立大學)명예교수를 지냈다. 식민지지배를 부정하는 조선사연구의 중심적인 역할을 했다. 주요 저서에는 『전후에서의 일본의 조선사연구(戰後における日本の朝鮮史研究)』와 『조선과 일본인(朝鮮と日本人)』 등이 있다. 이 대담에서 저자는 전전의 조선사와 조일관계사연구가 일본인이 조선인에 대한 우월감을 가지게 했다고 지적하면서 올바른 역사상을 확립하기 위한 연구가 이루어져야 한다고 제시한다.

이진희는 고대사, 한일관계 연구자이며, 도쿄 와코대학(和光大學) 명예교수를 지냈다. 1972년에 일본이 광개토왕비 비문을 개찬했다고 주장하였다. 주요저서에는 『광개토대왕릉비 연구』, 『호태왕비(好太王碑)』와 『임나일본부(任那日本府)』 등의 연구가 있다. 이 대담에서 저자는 일본은 고대로부터 천황을 중심으로 한 단일민족이라는 잘못된 전전의 견해가 전후에 계승되어 고대의 도래인은 이분자(異分子)의 귀화인이라고 생각하는 데 영향을 미쳤다고 지적한다.

이 근년의 큰 변화라고 하면 '귀화인'에서 '도래인'으로 표현이 달라진 것이다.

하타다 : 나는 그것은 첫째로는 김달수(金達壽)씨의 공적이 크

다고 생각한다. 그리고 교토(京都)에서 출판된 『일본 속의 조선문화(日本の中の朝鮮文化)』는 의미가 있으며 대단히 성공한 것이라고 생각한다. 우에다 마사아키(上田正昭)씨를 비롯해 많은 일본인 학자가 협력해서 하나의 공동연구의 장이 되었다.

이 : 도쿄(東京)의 학자도 꽤 참가했는데 좋은 점은 간사이(関西)에서 출판했다는 지리적 조건도 있다.

하타다 : 그것은 획기적이라고 생각한다. 협력관계라는 것은 함께 연구도 하고, 함께 식사도 하고, 함께 여행도 한다든가 인간적인 유대를 갖는 것이 중요하다고 생각한다.

이 : 또한 지방을 다룰 때는 현지에서 연구하고 있는 사람을 좌담회에 포함한다는 편집상의 배려도 했다.

하타다 : 김달수씨의 '일본 속의 조선문화'의 일도 훌륭하다고 생각한다.

이 : 문학자가 지닌 생생한 수법으로 고대사를 읽고 있다.

하타다 : 문장은 재미있고, 발로 걸어서 쓰고 있다. 그것이 상당히 재미있다.

이 : 그리고 일본인이 쓴 것밖에 인용하지 않는다는 것이 또한 재미있는 부분이라고 생각한다.

하타다 : 일본인에 대해서 설득력이 있다.

이 : 김달수씨의 일 중에서 도래문화의 해명도 중요하지만, 그 이상으로 주목받는 것은 그것을 통하여 일본인이 조선을 가깝게 느끼게 되었다는 것이 아닐지.

하타다 : 그렇다고 느낀다. 고도의 것을 알기 쉽게 누구라도 이해할 수 있도록 말하고 있다. 그래서 누구의 눈에도 들어오게 되었다.

이 : 그러한 점도 있어 '귀화인'이라고는 말하지 않게 되었다.

하타다 : 그것이 크다고 할 수 있다. '도래인'으로 되었으니까.

이 : 1970년대에 들어 시민단체가 직접 역사와 유적을 생각하려고 하는 기운이 고조되었다. 게다가 사람들은 고연령층으로 일찍

이 전전(戰前)의 역사교육을 받은 사람들이다. 그리고 한국으로 유적을 답사하러 가서 옛 도읍을 걷고 있다.

하타다 : 가서 보고 오는 것이 크다. 애정을 갖게 된다.

이 : 경주와 부여에 가서 아스카(飛鳥)를 생각한다. 그렇게 하면 고대에 가까웠다는 것과 오늘날에 있어 다른 점이 확실해진다. 그것을 확실히 인식하고 돌아오는 것은 중요한 일이다.

하타다 : 일본과 조선은 매우 가까운 이웃 나라이고, 일본 국내에는 60만 이상의 재일조선인이 살고 있다. 그 사람들과 사이좋게 지내는 것은 일본인이 평화롭게 살아가기 위해서는 불가결하다. 우리들이 조선사와 조일관계사를 연구하는 것은 끝까지 파고 들어가면 그것이 도움이 되기 때문이다. 전전에는 조선사와 조일관계사의 연구는 일본인의 조선인에 대한 우월감을 낳았고, 그것은 지금도 남아있다. 우리들은 그러한 선인(先人)의 잘못을 되돌아보고 점검하여 올바른 조선사상(像), 올바른 조일관계사상(像)을 만들기 위해 노력하고 있다.

나에게 있어서의 조선·일본
조선과의 두 번의 만남
[私にとっての朝鮮·日本] 朝鮮との二度の出会い

야마모토 후유히코는 '재일조선인문제연구회' 사무국 소속이다. 이글에서 저자는 재일조선인의 생활권획득운동은 일본인에 대해 일본 사회의 비뚤어진 유대를 끊어버리고 새로운 유대를 만들어내어 인간적인 주체성을 확립하자고 하는 데 있다고 말한다.

내가 사무국의 일원으로 일하고 있는 재일조선인문제연구소에서는 이번에 『재일조선인과 주민권운동(在日朝鮮人と住民權運動)』이라는 책을 사회평론사에서 간행하였다. 이것은 『재일조선인과 사회보장(在日朝鮮人と社會保障)』, 『재일조선인의 생활과 인권(在日朝鮮人の生活と人權)』에 이어서 우리의 공동연구의 성과이다.

「생활과 인권」의 집필·편집작업이 끝나고 나는 오사카(大阪)에서 재일조선인의 국민연금을 요구하는 운동에 참여했다. 그리고 그곳에 조선인의 생활권을 지키는 투쟁을 계속하고 있는 2세·3세의 사람들과 지금까지 많이 만날 수 있었다. 그 결과 일상적인 생활운동을 담당하는 재일조선인의 모습이 내 마음속에 점점 확실한 이미지로 떠올랐다. 그들은 일본어를 말하고, 일본의 문화·습관 속에서 자라 온 사람들이다. 그런데도 그들은 역시 지역생활자·조선인이라고 강하게 느끼게 되었다.

이러한 생각 속에 우리 연구회의 공동작업이 다시 시작되어 3번

페이지
180-183
필자
야마모토 후유히코
(山本 冬彦, 미상)
키워드
재일조선인, 조선,
자이니치의 문화,
타민족, 배제, 차별
해제자
김현아

째 간행본을 작성하게 되었다. 그리고 나는 망설임 없이 이번 책의 제목으로 『재일조선인과 주민권운동 — 지역·민족·사회보장』을 여러 사람 앞에서 제안했다. 그리고 그것은 구성원의 양해를 얻을 수가 있었다.

여기까지 글을 써오면서 나는 문득 다음과 같은 것을 생각하게 되었다. 나는 조선을 두 번 만난 것은 아닐까. 첫 번째는 1세와의 만남. 두 번째는 일본인화 했다고 하는 2세·3세와의 만남이다. 1세의 사람들은 나에게 좋든 싫든 차별과 동시에 계속 유지한 조선이라는 강한 인상을 남겼다. 그러나 2세·3세 사람들로부터는 그러한 인상을 받지 않는다. 그러나 그 대신에 그들은 자신들의 지역에서 생활에 기인한 투쟁을 계속하고 있는 모습으로 나에게 다가온다. 그리고 그들이야말로 1세가 이룬 불굴의 생활에다가 한층 더 새로운 자이니치(在日)의 문화를 창조해 가는 기수인 것은 아닐까. 나에게 그들과의 만남은 정말이지 조선과의 2번째 만남이라고 말할 수 있는 것이었다.

자이니치의 새로운 기수들이 우리 일본인에게 제기하고 있는 것은 단순한 고발만은 아니다. 그들은 차별과 투쟁하는 가운데 자이니치의 지역에 새로운 생활자로서의 민족문화를 구축하고, 그 지역은 결코 일본인만이 생활하고 있는 것은 아니다. 그리고 조선인이 부지런히 살아가기 위한 소재이며, 토대이며, 일본인과의 공유물인 것을 보여주려고 하는 것은 아닐지.

그러나 현실의 일본 사회는 이러한 조선인의 영위(營爲)를 배제하려 하고 있다. 이것은 일본인에게 무엇을 초래할 것인가. 그것은 나에게는 일본인 자신이 자기의 문화를 매우 좁게 가두고, 조선인과의 인간적인 만남을 방해하고, 일본인의 새로운 문화의 발전을 제지해버린다고 생각한다.

사회란 말하자면 인간과 인간과의 매듭, 유대이며, 동시에 개인 개인이 자기를 확립하는 장이기도 하다. 이 유대가 타민족을 배제

하고 차별함으로써 유지된다고 한다면 그것은 그 사회의 구성원
각자가 타민족을 배제, 차별하는 것으로밖에 자기 자신을 확립하
고 확증할 수가 없는 인간으로서 비뚤어짐과 나약함을 내포하고
있는 것을 의미하는 것은 아닐까.

나의 조선

나에게 있어서의 조선·일본

[私にとっての朝鮮・日本] 私の朝鮮

이글은 저자가 한국의 마산에서 유년기를 보냈던 것을 회고하며, 마산중학교 2학년이 되던 해 1944년에 학생들의 근로동원이 있었고, 조선인의 조선어 사용은 범죄였다고 말한다. 이러한 식민지지배의 전후책임이 해결되지 않아 지금의 재일조선인에 대한 일본인의 차별이 계속되고 있다고 지적한다.

나는 1930년에 부산에서 태어나 2세 때 아버지의 전근으로 50킬로 서쪽에 있는 평온하고 아름다운 해안 도시, 마산으로 이사했다.

집 서쪽에 좀 높은 언덕이 있고 언덕 위에는 제정(帝政)러시아 시대의 러시아영사관이 그대로 있었다. 이 언덕의 중턱 남서쪽의 비탈진 면에 50채 정도의 조선인 마을이 있었다.

나는 유아기에 이 마을의 조선인 아이들과 매일같이 놀면서 자랐다. 특히 동한(東漢)이의 집은 도로를 사이에 둔 이웃집이어서 잊을 수가 없다. 당시 나는 집에서는 당연히 일본어를 사용하지만, 밖에 나가면 동한과 어린 친구들인 조선인과 놀 때는 경상남도 방언으로 말했다.

1937년에 나는 마산초등학교에 입학하여 일본인 어린이들과 말하고부터 견해가 변하였다. 조선인 어린이에게 대응하는 태도, 말씨 등 의문이 생기게 되었다. 그것은 40년 후의 지금도 해소되지 않았다.

페이지
183-185

필자
나가토 료이치
(永戸 良一, 미상)

키워드
조선, 마산,
동한(東漢), 조선어,
민족통일

해제자
김현아

58

초등학교에 다니는 동안에도 변함없이 놀이 친구는 동한이었다. 그러나 2학년이 되었을 무렵부터 언덕 중턱에 늘어섰던 조선인 마을에 빈집이 늘어났다. 그리고 어느 날 동한은 나에게 '우리 집에 오이라'고 말해 여느 때처럼 태연스레 따라가 보았다.

온돌방에 들어가니 동한은 덮밥과 젓가락을 두 사람 것을 가져 왔다. 동한은 '니― 우리집 밥 무그라'라고 말했다. 밥은 무 잎과 배추가 조금 들어간 보리밥으로 오늘 우리가 마을 조선요리점에서 먹은 고기가 들어간 맛있는 갈비 국밥과는 전혀 다르지만, 그것을 내가 깨끗하게 먹으니 동한은 방긋 웃었다. 그러나 그날이 그와 이별하는 날이었다.

내가 1943년에 마산중학교에 입학하고 2학년이 되어 얼마 되지 않아서 수업은 하지 않고 들로 산으로 해안으로 근로 동원되었던 해의 가을에 동급생 아라이(新井)군, 다케나카(竹中)군, 기시타(木下)군, 도쿠가와(德川)군 등 4명의 조선인 학생이 민족독립운동에 참가했다고 하여 투옥되는 사건이 발생했다. 그들은 그저 자신들의 민족어인 조선어의 학습회에 참가했던 것뿐이다.

이처럼 1930년대의 후반부터 1945년 8월 15일의 조선해방까지 일본 통치자는 조선인이 조선어를 배우는 것까지도 범죄로 보았다. 게다가 이와 같은 식민지지배의 사후처리는 오늘날에 이르러도 해결되지 않고 재일조선인에 대한 일본인의 멸시감은 여전히 계속되고 있다. 일본의 미래는 어떻게 될 것인가 한 사람의 일본인으로서 지금도 생각한다.

나는 생각한다. 1910년부터 오늘에 이르는 72년 동안 숱한 고난, 시련에도 굴하지 않고 조선 민족의 수천만 명에게 깊이 내재하는 고귀한 정신은 때가 오면 힘을 강하게 결집하고 대단한 민족통일을 계속 향해갈 것이다. 그리고 희망에 찬 미래로 방향을 바꾸는 시대를 여는 문, 그 원점은 한반도이며 조선 민족인 것을 확신한다.

조선인과 일본의 좌익

[私にとっての朝鮮·日本] 朝鮮人と日本の左翼

저자는 이글에서 '주체적인 일본인과 주체적인 조선인과의 사이에만 성립하는' 관계, 즉 '일본과 조선의 정상적인 관계'를 생각하려면 '종주국의식'이라는 '병리'를 도려내야 할 필요가 있다고 지적한다.

공산주의자로서 비전향을 관철한 철학자인 고자이 요시시게(古在由重)씨는 15년 전쟁하에 치안유지법 위반으로 옥에 갇혔다. 그때의 일을 고자이씨는 마루야마 마사오(丸山真男)씨와의 대담 중에 다음과 같이 말하고 있다.

'고자이 : 전향시키기 위해서는 고문 등으로 괴롭히는 것에는 그다지 방법이 없다. (중략) 가장 참혹한 꼴을 당한 것은 조선인입니다. 푸르뎅뎅하게 부을 때까지 죽도(竹刀)로 계속 맞아서 방에 돌아가서도 앉을 수가 없었다. (중략)

마루야마 : 저희 때도 그렇습니다. 특히 조선인은 참혹했다. (중략)

고자이 : 이상한 이야기지만, 기뻐서 잊을 수 없는 것은 조선인 한 사람이 내게 와서 말해 준 말입니다. "조선인은 일본 어디에 있어도 언제나 조선인이라고 불리며 경멸당하고 참혹한 꼴을 당하지만, 저희를 조금도 경멸하지 않은 것은 정말 너희들뿐이다." 이 말은 잊을 수 없다. 이것은 대만, 조선의 해방이라는 것이 우리들의 희망이었기 때문에 당연히 말하면 당연한 일이었지만'(「一哲

페이지
185-187

필자
오타 테쓰오
(太田 哲男, 미상)

키워드
고자이 요시시게,
마루야마 마사오,
종주국의식, 좌익,
조선인, 조선의 해방

해제자
김현아

学徒の苦難の道」, 『昭和思想史への証言』, 매일신문사, 1968년, 74~76페이지).

또한 다른 곳에서 고자이씨는 다음과 같이 말한다.

'그때 조선인은 우리를 육친처럼 생각해 주었지만 아마 당시의 일본인 중에 조선인에 대해서 어떤 편견을 갖지 않았다는 것은 거의 대만, 조선의 해방을 외친 공산주의 계통의 사람들뿐이었던 것은 아닐까. 그래서 저희를 유일한 자기편이라고 생각하고 있었던 것은 아닐까'(「戰中日記」, 『古在由重著作集』제6권, 勁草書房, 68페이지)

이와 같은 고자이씨의 회상 중에 '종주국의식'은 인정되지 않은 것처럼 생각된다. 고자이씨에 대해 말하면, 고자이씨는 가혹한 신체검사와 방 안 검사하는 사이에 몰래 빠져나가 '옥중메모'를 썼다. 그것은 '심야에 같은 방 사람들이 잠든 후에 높은 천장의 어슴푸레한 전등 빛을 의지하여 너덜너덜한 담요를 머리에 뒤집어쓰고', 옥중으로 '몰래 가져간 연필심과 얇은 미농지 조각을 사용하여'(「戰中日記」 후기), 작성된 것이다. 이 메모를 지금, 「전중일기」를 읽을 수가 있는데, 그중에 「조선의 이야기」라는 메모가 있다. 그것은 최봉천(崔奉天)이라는 29세의 조선의 청년에게서 들은 이야기로 기록되어 있다.

지극히 가혹한 조건 아래 작성한 '옥중메모'에 같은 방의 조선인에게 들은 구비(口碑)를 적지않이 기록했다. 그리고 조선연구에 대한 의욕을 표명했다는 것은 고자이씨가 '종주국의식'에서 완전히 벗어나 있었기 때문은 아닐까.

물론 비전향의 공산주의자인 고자이씨의 조선인관으로 15년 전쟁하의 '좌익' 조선인관을 대표하는 것은 불가능할지도 모른다. 하지만 15년 전쟁하의 대표적인 지성인 저항자 한 사람 중에 앞에서 말한 조선인관이 있었다는 것은 명확하다.

조선어와 나

[私にとっての朝鮮·日本] 朝鮮語と私

페이지
187-189

필자
이노시타 하루코
(井下 春子, 미상)

키워드
조선어, 조선,
문화, 독서회

해제자
김현아

이 글에서 저자는 최근 10년 동안 조선어와 조선사를 배우면서 재일조선인에 대한 인식을 새로이 하고, 타문화에 자신의 가치관을 무리하게 적용하는 과정에서 차별감정이 생겨난다고 말한다.

작년 여름에 히로시마(広島)조선사세미나 합숙에 참석했을 때 조선과 나라는 주제로 지금까지의 지난 10년을 뒤돌아보면 어떨까라는 말을 들었다. 1970년대를 지나 80년대에 들어선 지금, 타인에게 이야기할 것은 없지만, 이것을 기회로 내 자신이 걸어온 모습을 나 자신을 위해 되돌아보는 것도 필요할지도 모른다. 이 10년 동안은 조선과 관계를 맺는 세월이기도 했다.

1967년 일본기독교단은 제2차대전에서의 전쟁책임에 대한 고백을 표명했다. 이러한 가운데 아시아국가에 대한 우리들의 책임에 관해서 배우기 시작한 것이 1979년이다. 그리고 '이웃과 함께 살아가다'라는 주제로 재일대한기독교회의 목사를 초청하여 연수회를 기획했던 것이 조선과 직접 관계하는 첫걸음이었다.

1973년 가을에 한 장의 '조선어를 배우지 않겠습니까'라는 전단지에 이끌리어 잠깐 들여다본 것이 조선어에 발을 내딛게 되는 처음이었다.

1974년에 중학교에 임시로 근무했을 때 지역적인 특색인지도 모르지만 한 학급에 2, 3명의 재일조선인이 있는 것을 알았다. 조선어를 배우고 있었기 때문에 그들의 존재가 갑자기 가깝게 느껴졌다.

1976년 여름에는 '한국고대사의 여행'에 참가하고 1주일 동안 서울, 경주, 공주, 부여, 수원, 대구, 김해와 신라의 고분, 백제의 옛 도읍을 방문했을 때 조금이나마 책으로 알고 있었던 것을 자신의 눈으로 확인할 수가 있었다. 비행기로 현해탄을 건너면 금방 도착하여 1시간도 걸리지 않는 곳에 있는 조선에서 눈에 보이는 것은 많이 닮아있는데, 말과 문자가 다른 것이 기묘하다. 역시 여기는 외국이라고 실감했다.

그리고 1978년과 1980년에 현지에서 조선어를 배우는 프로그램에 참석하여 민박과 일상생활을 함께 하는 가운데 어깨를 나란히 하고 서로 손을 잡고 사람들과의 접촉을 통해서 새로운 발견이 하나씩 하나씩 더해져서 풍속·관습을 조금씩 알게 되었다. 타국의 문화를 접할 때 자신이 가지고 있는 지금까지의 가치관의 기준이 통용되지 않는 것을 잊어버리고 무리하게 그것을 적용하려고 해서 차별감정으로 결부되는 일이 많고, 본래의 좋은 점이 보이지 않게 된다는 것을 잘 알게 되었다.

그 후 오직 두 사람만의 독서회이지만, 김동인(金東仁)의 단편집을 읽고, 지금은 문일평(文一平)의 수필집을 읽고 있다. 일본어와 조선어는 문법이 비슷해서 쉽다고 하지만, 점점 그 어려움을 알게 되어 조선어의 심오함이 느껴지게 되었다.

왜 조선어를 하는가 질문에 으스댈 이유를 대는 것이 아니라 그저 하고 싶어서, 재미있으니까 조선어책을 계속 읽어가는 사람이 있어도 좋지 않을까. 그러는 사이에 무언가가 나의 마음속에 쌓여갈 것이다.

온돌방
おんどるばん

마음이 상통하는 것이 중요 도쿄도(東京都) 추오쿠(中央区)·하타케야마 케이(畠山圭)·무직·59세

나는 일본인과 조선인의 사이에 있는 좀처럼 넘을 수 없는 깊은 틈에 대해서 과거의 가해자로 그리고 지금도 가해자로 있는 일본인에게 조금 절망적이지만 그렇다고 해서 내버려 두어도 된다는 것은 아니다. 귀지(貴紙)의 모든 형제가 『계간 삼천리』를 통해서 노력하고 있는 것에 감사하고 있다.

그 점에서 나 나름의 의견인데, 더 좋은 논문과 소설, 시도 그것은 그것으로 좋지만, 나는 인간끼리의 불신감은 '마음이 서로 통하는' 것이야말로 해결의 최상책이라고 생각하고 있다. 논문 등은 자칫하면 원칙적으로 흐르는 경향이 있지만, 대담과 좌담회 등은 출석자의 사고방식과 자세가 직접 독자에게 전해진다고 생각된다. 예를 들면 28호의 좌담회 '3월의 방한(訪韓)을 둘러싸고'에서도 김상(金さん)과 이상(李さん), 강상(姜さん)의 발언과 『조선신보(朝鮮新報)』의 문장을 읽으면 어느 쪽이 독자에게 생생한 설득력을 지니고 있는지 알 수 있다고 생각한다.

마음이 서로 통하는 것에 의해 친근감을 더하는 것은 매우 중요하고, 의견이 다를 경우도 한층 깊은 부분에서 차이를 이해할 수 있다. 먼 길이지만 이웃 나라의 친구와의 진정한 우정을 키우는 것을 바라면서 좋은 새해 되기를 기원한다.

페이지
254-256

필자

키워드
재일조선인, 조국통일, 조선인, 자이니치

해제자
김현아

지금 생각하는 것 고가네이시(小金井市)·다나카 토오루(田中徹)·기록영
화감독·62세

3년 정도 전에 신쥬쿠(新宿)의 기노쿠니야(紀伊国屋) 서점에서
귀지(貴紙)를 발견한 후 지난 호도 애독하고 있다. 재일조선인의
조국 통일에 대한 비원, 분열상황에 대한 솔직한 의견 등, 우리 일
본인의 입장에서도 깊이 생각하게 하는 문제가 많다는 것을 통감
하고 있다.

소생(小生)은 1962년에 '천리마' 제작 담당자로 약 8개월에 걸친
조선민주주의인민공화국을 방문한 경험이 있다. 귀국 후에 그때의
체험, 솔직한 감상 등을 발표하고 싶었는데 사정이 있어 쓸 수가
없었다. 그 사정 등은 오늘날에도 그다지 변하지 않은 것 같다. 그
책임의 일단은 일본인 측에 있는 것은 말할 필요도 없다. 공화국과
의 교류에도 도움 되는 『계간 삼천리』가 되기를 절실히 바라고 있
다. 소생도 일을 통해서 그것을 위해 노력하려고 생각하고 있다.

'삼천리'로 돌아가다 고베시(神戸市)·김원양(金元良)·회사원·27세

제26호의 특집 '재일조선인을 생각한다'는 좋은 기획이었다. "재
일조선인을 생각한다"—이것은 당연한 일 같지만, 좀처럼 주변에
읽을 것이 없는 가운데 새삼스럽게 생각할 필요가 있는 문제라고
생각한다.

최근 『고베신문(神戸新聞)』에서 북한의 공화국 특집을 하고 있
었다. 한국이든 공화국이든 자신의 나라라서 눈을 크게 뜨고 읽었
다. 나오는 이름이 김·박·이상(さん). 우리 자이니치들도 김·박
·이상. 아직 못 본 우리나라는 역시 조선인의 나라라고 다시 의식
했다. 그리고 3세, 4세의 시대가 되어도 우리 김·박·이상이 있는
한 조선인은 자이니치(在日)일지라도 자이베이(在米)일지라도
'삼천리'로 돌아간다고 생각한다. 올해도 열심히 해주세요.

2세·3세를 위한 기획을 하치오지시(八王子市)·김권일(金権一)·학생· 21세

자이니치(在日) 2세·3세의 젊은이들의 '금후의 삶에 관해서' 등의 좌담회, 토론회를 기획해주었으면 한다. 기성(既成)의 일에 얽매이지 말고 어디까지나 조국의 사람들과 재일조선인의 한 사람 한 사람이 다양한 의견을 자유롭게 발표, 서로 비판하는 장을 마련해주기를 기대하고 있다.

그리고 나는 여러분의 방한(訪韓)에 찬성한다. 앞으로도 동포인 정치범 사람들을 구원하기 위해 할 수 있는 일을 해주세요. 또한 조선민주주의인민공화국에도 갈 수 있다면 꼭 가 주세요. 그것을 바라고 있는 것은 나 혼자만은 아니라고 생각한다.

엄마에 대한 것 등 교토시(京都市)·미즈타 히로시(水田博司)·자영업·32세

재일조선인이 형의 아내로 내 가족이 되었다. 여러 사정이 있었다. 현재 아무런 문제없이 생활하고 있는가 하면 그렇지 않다. 1910년대에 출생한 엄마 또한 조선인이라는 것에 무슨 일이 있을 때마다 불편해한다.

그러한 엄마에게 그때마다 차별해서는 안 되고, 형수는 좋은 여성이라고 말을 해도 엄마는 들으려고 하지 않는다. 전전(戰前)에 태어난 세대에는 우리 전후 세대가 이해하기 어려운 것이 있는 것 같다. 나는 그런 이해하지 못하는 근본적인 것을 어떻게 빙해(氷解)시키면 좋을지 알 수가 없어 생각에 빠져있는 상태이다.

편집위원 3명이 한국을 방문한 것을 본 잡지 28호의 좌담회 '3월의 방한을 둘러싸고'에서 알게 되었는데 나의 감상을 말하면, 불평을 말하고 싶은 사람에게는 하게 하면 좋겠다는 마음이다.

무언가에 대한 견해, 또는 의견의 차이 등에 대해서 비판하는 것이 자유롭도록 다른 무언가에 대한 견해가 있어도 좋겠다고 생각한다. 자기의 책임 위에서 스스로 행동하는 것이 우리가 지켜야 할 민주주의의 첫걸음이 아닐까.

노력해주세요 후쿠오카현 미이케군(福岡県三池郡)·도미타 쇼(富田涉)·무직·63세

조선인인 당신들은 모국으로 자유롭게 여행할 수 없고 타국인(일본인)인 우리는 자유롭게 한국을 여행할 수 있는 이런 얄궂은 세상이 되었다.

국가라든가 정부라든가 하는 것도 원래 인간의 행복을 달성하는 수단으로서 생겨난 것인데 난처한 일이다. 더 어려운 문제가 일어나겠지만, 힘내서 노력해주세요.

독자의 한사람으로서 스이타시(吹田市)·김시종(金時鐘)·시인·52세

혜증(惠贈) 감사드린다. 이후부터는 구독할 예정이므로 부디 안심하세요.

'좌담회' 흥미롭게 읽었다. 편집 동인(同人)이었던 김석범(金石範)씨의 동향에 대해서도 어느 정도 논급이 있어야 마땅하다고 생각한다. 대체로 무지(無知)의 증폭(增幅)을 하는 것 같아 참을 수가 없었다. 본심, 반드시 정당하지 않으니까, 세 분 지금 조금 침묵해도 좋지 않을까요? 특히 강(姜), 이(李) 두 분의 변용하는 모습은 묵과할 수 없다.

자신들이 과거 무엇을 했던 사람이며 거기서부터의 변신은 무엇이었든 간에 두 분이 집착해야 할 과제일 것이다. 먼저 자신들이 해 온 일에 책임을 지세요. 그것을 적당히 하고 "애족행위(愛族行爲)"를 과시하기 때문에 이상해지는 것이다. 진정한 의미에서 『삼천리』가 자이니치(在日)의 양식(良識)이 되어주기를 독자의 한 사람으로서 바란다.

'송구영신'에 생각한다 편집위원 강재언(姜在彦)

작년 3월에 한국 방문하는 일과 관련되어 1년이 눈 깜짝할 사이에 지나가 버렸다. 우리의 한국방문은 전두환 정권이 정치범에 대한 감형, 석방조치를 하는 데 있어 재일동포의 정치범에 대해서도 관대한 조치를 고려해 주기를 청원하고, 오랫동안 단절되었던 그곳에서 태어나고 자란 고국의 땅을 일주일 동안 견학한 것이다. 그만한 일로 어째서 비난의 구실이 되는지 지금도 이해할 수 없을 뿐이다.

그런 비난 캠페인에 견뎌온 우리는 독자의 요망(要望)에 부응하여 본 잡지로서는 처음으로 작년도 최종호(28호) 좌담회에서 대답했다. 그때까지 조선총련(朝鮮総連)의 기관지(機關紙)·지(誌)를 동원한 비난 캠페인은 실로 28회에 미치고 있는 것 같아서 이상(異狀)하다고 할 수밖에 없다.

어떻든 지금은 모든 가치관이 다양화되고 있는 시대이다. 나의 입장에 추종하지 않는다고 해서 배척하게 되면 민족 내부의 화합은 물론이며, 무엇보다도 사상, 신조(信條)를 초월한 남북조선의 통일 등 절망적이다고 밖에 말할 방법이 없다. 우리는 그들이 말한 대로 몰주체적(沒主體的)으로 살아가는 인간이 아니라, 자신의 머리로 생각하고 책임을 갖고 행동하는 자유인이라는 것을 잊지 말아 주기를 바란다.

본래 『계간 삼천리』는 그 창간 당초부터 한쪽만의 입장을 주장해서 다른 몰주체를 강요하는 듯한 것이 아니라 서로의 입장을 존중하며 혼돈 속에서 공통의 광장을 개척하고 확장해가는 공동작업의 장으로서 설정한 것이었다. 우리는 창간 당초부터의 초심을 되돌아보면서 원패턴화한 고정관념에 얽매이지 않고 있는 그대로의 현실에서 '실사구시(實事求是)'하는 것, 그런 가운데 베스트가 아니더라도 더 좋은 길은 무엇인가를 생각하고 선택하여 한발 한발 전진하는 것밖에 방법이 없다고 생각한다.

세월의 흐름은 빨라서 올해는 그 7·4 남북공동성명의 10주년이 된다. 남북 당국 간의 대화에 의한 통일문제의 해결을 민족 앞에 엄숙하게 맹세했을 그것은 언제부터인가 조금씩 퇴색되어 통일문제는 물론 인도적인 이산가족문제조차 무엇하나 해결되지 않고 있다. 우리는 지금이라도 남북 당국 간의 대화만이 민족 내부의 유혈을 피하는 유일한 평화적 통일에 대한 길이라고 확신하고 있다. 그 정신의 추상적인 반복이 아니라 합의사항의 구체적인 이행(履行)을 남북 당국에 계속 독촉할 수밖에 없다고 생각한다.

편집을 마치고
編集を終えて

페이지
256

필자
이진희(李進熙)

키워드
다카마쓰즈카, 고대사,
도래인, 호태왕비,
합동조사

해제자
김현아

다카마쓰즈카(高松塚)에서 화려한 벽화가 발견되어 커다란 화제가 되었던 것은 1972년 3월의 일이었는데, 최근 10년 사이에 고대사와 고대의 일본과 조선과의 관계를 보는 눈이 크게 달라졌다. 고대국가성립의 시기가 6세기 후반까지 내려가 교과서에서는 '귀화인'이 사라지고, '도래인'의 역할이 재검토되게 되었다.

달라진 것은 고대사뿐만이 아니다. 중세와 근대에도 관심이 높아져 조선 그 자체가 친근해진 것 같다. 본 잡지가 창간 이래로 순조롭게 간행할 수 있었던 것도 그 현상이 아닐까요.

다카마쓰즈카가 계기가 되어 일본과 중국, 남북조선의 학자에 의한 합동조사가 실현되면서 학술교류의 촉진에 큰 기대를 불러모았는데, 최근 10년 동안에 다시 '겨울 시대'로 되돌아갔다. 해빙을 가져오기 위해서도 호태왕비(好太王碑)의 합동조사를 실현하기 위한 시민운동이 필요하다고 생각한다.

최근 비(碑)가 있는 중국 동북지방을 여행한 니시카와 히로시(西川宏), 요코오 마사노부(橫尾正信) 두 분이 견문록을 썼는데 처음으로 알게 되는 것이 많아 깊은 감명을 받았다. 또한 중국 각지에서 다수의 편지가 쇄도하고 논문도 보내왔다. 미국에서 온 것은 지면 사정으로 다음 호에 쓰기로 했다. 이번 호부터 시작하는 이소가이(磯貝)씨와 강재언의 연재는 전후 일본문학에 나타난 조선상(像)과 조선근대사에 메스를 가하는 역작이다. (편집위원 이진희)

70

1982년 여름(5월) 30호

귀와 눈

[架橋] 耳と目

쓰부라야 신고는 오사카 출생으로 문예평론가이다.『빛나는 거울－김석범의 세계(光る鏡―金石範の世界)』등을 집필하였다.

그는 고대 한국의 금관을 보면서 느낀 경탄의 경험을 통해 예술을 평가하는 데 있어 무엇보다 중요한 것은 편견 없는 순수한 감정임을 설명하고 있다. 또한 이러한 순수한 감정이 인간사 모든 관계의 기본이 되어야 함도 덧붙이고 있다.

수년 전 한국미술 오천년전을 관람하였을 때 무엇보다 놀란 것은 금관에 붙어 있는 보요였다. 보요라는 것은 손톱만 한 금박으로 금관에 붙어 있는 것이다. 금관에는 1, 2개가 아니라 수십 개의 보요가 붙어있다. 금관을 쓴 사람이 걸을 때면 보요는 흔들릴 수밖에 없다. 이리저리 흔들리는 보요는 광채로 빛났을 것이다. 그리고 보요가 흔들릴 때는 기묘한 소리도 났을 것이다. 걸을 때 옷의 쓸림 소리와 섞인 이 소리는 사람들을 홀렸을 것이다. 반도의 높고 투명한 대기 속에서 인간의 귀는 민감하게 발달했을 것이기에 보요의 소리는 더욱 매혹적이었을 것이다.

풍토 등 비인공적인 환경은 사람들의 감각 형성에 중요하게 작용 할 수밖에 없다. 그리고 그 작용양상은 어떻게든 예술 작품에도 영향을 끼칠 수밖에 없는 것이다.

역시 예술작품을 접해야만 우리는 그 예술의 진가를 확인할 수

페이지
14-17

필자
쓰부라야 신고
(円谷真護, 1930~)

키워드
보요(步搖), 금관,
고려청자, 국경, 순수

해제자
정충실

있다. 그때 생기는 감동이야 말로 진실이다. 작품을 보지 않은 채 비난하며, 작품의 일부만을 취해 전체적 맥락을 고려하지 않은 채 평가내리고, 작가에 대해 편견을 가진 채 작품을 대하면 예술은 결코 발전하지 않을 것이다. 예를 들어 우리가 고려청자를 보는 순간 다른 민족의 예술임에도 그 탁월함을 느끼게 된다. 말하자면 감수성으로부터 느껴진 진실이야 말로 예술작품을 감상하는 출발점이 된다. 우수한 예술작품은 나에게 있어 국경을 초월한 것이기에 그것을 그대로 느끼면 눈은 우수한 귀를 존중하고 귀는 우수한 눈을 존중한다. 이러한 순수한 감수성의 진실에 기초한 관계가 다른 모든 조건에 우선해야 한다. 그리고 그 관계가 다른 모든 관계의 기본이 될 수 있기를 나는 바라고 있다.

가교

제포의 바다

[架橋] 菁蒲の海

하루나 아키라는 중앙공론사(中央公論社)에서 근무하였고 작가로 활동하였다. 1980년에는 일본논픽션상을 수상하기도 했다. 조후가쿠엔단기대학(調布学園女子短期大学) 교수를 역임했다.

그는 이글에서 조선시대 한국인과 일본인이 교류했던 장소인 제포를 방문한 경험을 기록하고 있다. 이후 이를 통해 일본인은 자국 중심적 역사관에서 벗어나야 한다는 것도 덧붙이고 있다.

1976년 6월 경상남도 진해시를 방문한 적이 있다. 이때 진해 여기저기를 안내해준 한국인 김 씨와 함께 진해시의 한 교외 마을을 찾아갔다. 그는 이곳에 도착하자 그는 "일본인이 있었던 마을"이라 설명해 주었다. 일본인이 있었던 마을이란 항거왜가 살던 지역인 제포를 의미하는 것이었다. 조선 정부는 일본의 배가 출입할 수 있는 3개의 항구, 울산의 염포, 동래의 부산포, 그리고 이곳 웅천의 제포를 지정해 개방하고 그곳에 왜관을 두었다. 이 세 항구에는 무역에 종사하는 사람들 이외 농업과 어업을 하며 거주하는 일본인의 수가 많았는데 이들을 항거왜라 불렀다. 조선 정부는 왜관이 있고 그 주위 항거왜가 거주하는 주변에 목책을 치고 출입구를 감시하여 주변 한국인 농민과의 접촉을 막으려 했지만 실제로는 그다지 효과가 없었을 것이다.

제포의 주변에는 임진왜란에서 왜군이 쌓은 왜성의 흔적도 남아

페이지
17-20

필자
하루나 아키라
(春名徹, 1935~)

키워드
제포, 항거왜(恒居倭),
왜성, 자기중심적 역사관

해제자
정충실

있었다. 그 흔적만으로도 왜성의 크기는 상당했음을 추측할 수 있었다. 우리를 안내 주었던 김 씨는 왜성은 침략의 쓰디쓴 역사이지만 제포는 조선인과 일본인이 평화롭게 공존해 교류한 역사라고 느끼는 듯 했다.

  일본으로 돌아와 세계지도의 남북을 바꾸어 본적이었다. 유라시아 대륙에 꼿꼿이 선 조선반도의 한쪽 바다 가운데 유선형의 일본 열도가 위치해 있었다. 거꾸로 본 일본은 자기중심적 역사관으로부터 벗어나 아시아의 가운데 위치한 것이 더욱 잘 드러났다. 나는 거꾸로 서있는 지도에서 제포의 위치를 가리키며 그날의 조용한 바닷가를 떠올렸다. 그리고 침략과 교류가 공존해 있다고 말한 김 씨의 얼굴도 떠올려 보았다.

가교

샹고리에게 가는 길

[架橋] シャンゴーリへの道

요네다 가즈오는 이바라키(茨城)문예협회 간사를 역임했다.

이글에서는 식민지 조선의 평안도 성천에서의 유년시절과 전후 그 유년시절을 떠올리게 하는 성천과 관계된 만남을 설명하고 있다.

『샹고리에게 가는 길』은 필자가 1974년 출판한 책의 제목이다. 출판 이후 어느 조선문학연구자에게서 참고가 될 만한 이 책에 대한 지적사항을 듣게 되었다. 조선인의 이름인 샹고리라고 하는 발음은 한국의 한자음에는 없는 것으로 "尙杰(상걸)"이라고 표현하는 쪽이 좋지 않을까하는 내용이었다. 지적을 받고 보니 식민자의 아들로서 사려깊지 못한 것이라는 생각도 들었다. 한편으로는 부모님의 발음 그대로를 표현한 것이어서 실증적 접근으로 당시를 재현해 내기 더 적당하다고 여겨질 여지도 있다.

이 책의 무대는 평안도 성천군 성천면으로 시기는 1930년대였다. 1939년에는 아버지 사후 어머니와 함께 형이 살고 있었던 중국 대련으로 이사하였다. 이때 내 나이는 12살이었다. 나는 성천의 자연풍광과 성천 사람들과의 인연을 기억하고 있다.

전후 어느 날 한 과학자가 성천에서 민물고기의 치어 양식에 성공한 과정을 기록한 글을 본 적이 있다. 그때는 성천의 시냇가와 물고기들을 떠올릴 수 있었다. 한국미술 오천년전에서는 성천에서

페이지
20-23

필자
요네다 가즈오
(米田和夫, 미상)

키워드

해제자
정충실

발굴된 청동기 시대 청동거울과 마주할 수 있었다. 『샹고리에게 가는 길』에서도 나는 태고부터 성천에는 사람이 살기 좋은 조건이었다고 언급하기도 했다. 최근에는 『원색암석도감(原色巖石圖鑑)』이라는 책을 본적이 있다. 그곳에는 성천에서 발견한 두 종류의 암석이 기재되었다. 역시 졸고에 성천의 다양한 종류의 돌에 대해 언급한 부분이 있다.

영화 「세계의 사람들에게」

[架橋] 映画「世界の人へ」のこと

페이지
23-27

필자
우에노 기요시
(上野清士, 1949~)

키워드
피폭, 전쟁 책임,
자성,
피폭 조선인,
피폭 조선인 2세

해제자
정충실

우에노 기요시는 저널리스트이다. 1978년 출판한 평론집으로 신일본문학상 평론상을 수상했다. 일본사회당에 입당하여 『사회신보』 기자로 활동했으며 1989년 퇴직하였다. 이후 소련 해체직전 러시아와 코카서스 여러 나라를 취재하기도 하였다.

이 글에서는 조선인 피폭자들의 고통과 이를 주제로 한 영화를 소개하고 있다. 동시에 조선인 피폭자의 존재를 통해, 침략의 가해자에서 피해자가 되려하는 일본사회가 자성하기를 촉구하고 있다.

피폭당시 히로시마에 약 5만, 나가사키에는 3만 명의 조선인이 살고 있었다. 이중 히로시마에서는 약 3만, 나가사키에는 약 2만 명의 조선인이 죽었다. 횡사는 면했지만 살아남은 조선인 피폭자의 수도 상당하며 일본의 식민지배를 겪지 않은 피폭 조선인의 2세도 상당한 육체적 고통을 겪고 있는 상황이다. 그러나 일본사회에서 피폭조선인의 존재는 거의 알려져 있지 않다. 정부와 행정당국은 피폭 조선인에 대한 조사조차 행한 적이 없다. 이러한 상황에서 피폭 조선인의 존재, 그리고 그들의 고통을 최초로 폭로한 사람은 신문기자인 히라오카 다카시(平岡敬)였다. 그는 한국으로 귀국한 조선인들을 발로 뛰며 직접 조사하였고 조사결과를 『편견과 차별』이라는 제목의 책으로 출판하기도 하였다.

「세계의 사람들에게」라는 영화 역시 약 10인의 조선인 피폭자를 취재한 내용이다. 일본신민으로 피폭되었으나 전후 그들은 외국인으로 취급되어 피폭자로서의 재정적, 의료 지원을 전혀 받지 못한 채 생활고와 정신적 고통을 받아야 했다. 이를 널리 알리기 위한 목적으로 이 영화는 제작되었다. 되도록 많은 일본인들이 이 영화를 관람했으면 한다. 피폭의 참상과 함께, 근대일본의 역사가 이웃한 아시아 국가 침략의 역사임을 잘 보여주고 있기 때문이다. 히로시마와 나가사키에서의 재액은 일본이 아시아 전역에 걸쳐 행한 전쟁의 결과임을 이 영화의 관객들은 느낄 수 있을 것이다. 히로시마와 나가사키의 비극을 통해 일본이라는 국가는 가해 책임에서 벗어나려 하지만 피폭조선인의 존재 때문에 그것은 불가능하게 된다. 지금까지 연합국과의 이항대립구도 속에서 전쟁 책임을 논했던 일본인들은 자성해야 할 것이다.

민중예능의 매력

[対談] 民衆芸能の魅力

구사노 다에코는 민족음악학자이다. 1996년부터 오키나와 현립 대학 교수를 역임했다. 일본뿐 아니라 인도, 한국을 중심으로 여러 나라의 전통예능과 음악을 조사연구 하였다. 1987년에는 한국국립 예술원 특별상을 수상하기도 하였다.

이철은 계간삼천리 편집위원을 역임했다.

이 글에서는 한국과 일본의 민속, 민중 예술의 차이가 논의 되고 있다.

본격적인 대담에 앞서 편집부는 일본에서 조선민중예능에 대한 연구가 시작되고 공연도 행해지고 있는 상황에서 조선민중예술과 민속예능에 대해 논의될 필요가 있음을 밝히고 있다. 이후 구사노 는 1971년 한국을 방문한 당시 한국어, 사람들의 목소리, 몸의 움직 임이 갖고 있는 리듬이 일본과는 차이가 있음을 느낄 수 있었다고 언급한다. 이러한 언어, 목소리, 움직임의 특징이 한국의 전통 예술 음악과 민속예능에도 상당한 영향을 끼쳤을 것이라고 추측하고 있 다. 사람들이 입고 있는 옷의 색이나 건물의 색이 저마다 다른 것도 일본과는 다를 것이라고 말하고 있다. 아이들의 전래동요나 놀이 도 일본과는 달리 더 역동적이라고 보고 있다. 한국어는 일본어와 달리 파열음이 많으며 한국의 가야금은 일본의 전통 악기와 달리 강약이 분명하고 악센트가 강하다고 언급하고 있다. 이철은 한국

페이지
28-39

필자
구사노 다에코
(草野妙子, 1933~),
이철(李哲, 미상)

키워드
전통음악, 민속, 한국어,
판소리, 연가

해제자
정충실

어에는 파열음이 많은 것은 격한 감정의 상황을 잘 전달하기 위해 서라고 설명하고 있다.

이철은 한국에서는 유교전통의 영향으로 남존여비 경향이 강한 데 이에 대한 해방일로서 단오와 추석에 여성들은 자유롭게 춤추고 노래 부른다는 것을 설명한다. 이때 춤 동작은 크고 노래는 박자에 구속되지 않는 자유분방한 것이라 말한다. 구사다는 이때 한국 여성의 몸놀림에는 해방감이 엿보인다고 하면서 일본 전통 의복에 비해서도 한국의 저고리가 여성 몸동작을 자유롭게 하는 요소라고 지적한다.

구사다는 북한의 전통 음악도 들어본 적이 있다고 하면서 북한의 것은 현대화되어 변형된 것이지만 리듬감은 한민족 본연의 특징을 갖고 있다고 말하고 있다. 한국어를 사용하는 이상 이러한 특징들이 사라질리 없다는 것도 덧붙이고 있다.

이철은 일본과 한국의 전통 예술과 문화는 차이도 많지만 동시에 같은 동아시아권으로서 유기적으로 연결되어 있기에 상호 간의 관계나 공통점에도 주의를 기울여야 함을 지적하고 있다. 구사다가 일본학생들에게 판소리를 들려주었는데 학생들이 흥미를 보였다는 것을 이야기하자 이철은 이는 머리에서 이해한 것이 아닌 판소리의 억눌린 감정이 가슴으로 전달되었기 때문일 것이라고 말하고 있다. 일본의 가요계에 재일조선인, 한국인이 많이 활동하고 그들이 인기를 끄는 것은 한국의 리듬감이 일본인에게 소구하는 바가 있기 때문이라고 설명한다. 일본의 연가(演歌)는 감정을 발산하는 부분이 꼭 삽입되는데 이는 조선민족에게서 영향 받은 것이라고 추측하고 있다. 한국 전통음악처럼 파, 시가 연가에 없는 것, 가수로 성공한 이들 가운데는 유년 시절을 식민지 조선에서 보낸 이들이 있는 것도 연가가 조선음악에서 영향 받은 것임을 알 수 있게 한다고 설명한다.

이철은 한일 민중들 간의 교류가 그다지 없는데 서로의 민중문화와 예술을 상호 연구하여 한일 민중 사이에 교류가 진척되었으면 한다는 바람으로 대담을 끝맺고 있다.

온돌방
おんどるばん

서로 통해야 이해할 수 있다. 지쿠지노시(筑紫野市)·다치이치 쇼지(立石昭二)·공무원·29세

우호는 국가 차원이 아니라 민간 차원에서 사람과 사람사이 소통을 통해 상호 이해하여만 가능한 것이다. 이에 한 사람 한 사람 의식의 변화가 중요하다. 내가 변화하는 한 사람이 되기 위해 조선에 대해 더욱 공부해야 할 것이다.

더 지식을 심화시키지 않으면 시즈오카시(静岡市)·고나가 다니히로시(小長谷博)·자영업·32세

작년 7월부터 한글을 독학하고 있다. "조선어"로 표기할지 "한국어"로 표기할지의 정치적 문제 때문에 NHK 조선어 강좌 개강이 늦어지고 있어 안타깝고 유감스럽다. 대신『계간삼천리』는 한쪽에 치우치지 않아서 다행스럽다. 나를 포함한 일본은 아시아에서 가장 가까운 이웃국가인 조선에 대한 지식을 심화시키지 않으면 안 될 것이다.

조선어를 배운 4년 가와사키시(川崎市)·가와쿠 유시(格和由史)·대학생·24세

조선어를 배우기 시작하여 4년의 시간이 흘렀다. 이후 조선문학 연구와 조선문학의 일본어 번역을 직업으로 삼으려고 계획하고 있

페이지
254-256

필자
독자

키워드
조선어, 한국어,
재일조선인,
강제연행, 고대사

해제자
정충실

다. 매월 빠짐없이 『계간삼천리』를 구독하고 있다. 『계간삼천리』가 현재 일본의 매스컴에 차지하고 있는 위상을 고려해 더욱 폭넓은 주제의 특집과 기사를 기획해 주었으면 한다.

걱정스러운 최근의 사회 분위기 이치카와시(市川市)·요시하라(吉原慎次)·우정노동자·25세

조선과 재일조선인에 대해 알고 싶어 반년 전부터 귀지를 구독하게 되었다. 최근 일본사회 내에서 전전의 침략행위는 반성하지 않고 전전이 좋았다라는 식의 언동은 유감스럽기 그지없다. 그러한 언동을 없애기 위해서라도 더욱 재일 조선인에 대해 공부할 필요가 있다고 생각한다.

강제연행의 실태를 알고 싶다 가케가와시(掛川市)·스즈키 요시에(鈴木よし惠)·유치원 교사·29세

강제연행의 실태를 알고 싶어 이에 대한 기사를 싣고 있는 29호를 구독하였다. 시즈오카 현에서의 실태에 대해서 알고 싶었는데 이에 대한 설명이 없어 아쉬웠다. 북해도와 규슈 등에서는 강제연행 실태조사가 행해지고 있다고 알고 있다. 향후에는 전국적 조사가 행해졌으면 한다.

기억나는 아버지의 말 야마토시(大和市)·구가 준이치로(久我順一郎)·자영업·46세

전후 혼란기인 1948, 49년 즘에 저녁 식사 자리에서 천황은 조선인의 피를 이어 받았다고 아버지가 말하였다. 나는 놀라기도 했지만 패전 직전, 이런 말을 하는 아버지 때문에 조금 가슴이 아팠다. 그러던 와중 귀지에서 고대 일본과 조선과의 깊은 관계를 논한 기사를 보고 그때 아버지가 한 말이 번뜩 떠올랐다. 교육을 받은 적 없는 아버지가 어떻게 그 사실을 알고 있었던 것인지 궁금하다.

그리고 일본과 조선의 역사적 관계를 더욱 깊이 알고 싶다.

더 큰 활자를 나라시(奈良市)·우루시하라 아키타카(漆原亮孝)·무직 73세

나는 유년시절을 식민지 조선에서 보내 조선에 친밀감을 갖고 있던 중 최근에는 한국의 고대사에 흥미를 느껴 귀지를 구독하게 되었다. 이후에도 계속 구독하고 싶은데 내가 노인이라 그런지 귀지의 작은 글자가 잘 보이지 않는다. 활자를 더 크게 해주었으면 하는 바람이 있다. 다음호의 발행을 기다리겠다.

편집을 마치고
編集を終えて

벌써 30호를 발행하게 되었다. 그간 많은 풍파가 있었지만 집필자와 독자 덕분에 순조롭게 지금까지 간행을 이어올 수 있었다.

지난 3월 3일 한국정부는 5인의 사형수를 포함한 재일조선인 정치범에게 감형 조치를 발표했다. 재일조선인 정치범 감형을 요구하기 위해 본지 편집위원 3인이 방한한데 대해 독자의 일부로부터 비판의 목소리가 있었다. 그러한 비판에 본지는 26호에서 비판은 겸허히 받아들이지만 사람의 목숨을 구하는 것 보다 중요한 일은 없다고 답했다. 지금도 당시 방한한 것은 당연한 일이었다고 여기고 있다.

페이지
256

필자
이진희

키워드
재일조선인 정치범,
비판, 독자, 방한

해제자
정충실

1982년 가을(8월) 31호

가교

나의 한국경험

[架橋] 私の韓国経験

오시마 고이치는 일본의 생물학자, 평화운동가로 알려져있다. 구마모토시(熊本市) 출신으로, 1940년 도호쿠제국대학(東北帝国大学) 이학부 물리학과를 졸업했다. 1941년 소집되어 육군 기상반원(気象班員)으로 근무했다. 패전 후 원자폭탄으로 불타버린 히로시마(広島)를 보고 충격을 받고, 평화운동가의 길을 가게 되었다고 한다. 이와테대학(岩手大学) 학예학부 물리학과 조교수가 되고, 『전몰농민병사의 편지(戦没農民兵士の手紙)』(1961) 편집을 담당한다. 1966년 여자학원(女子学院) 학장에 취임했고, 학제 제도 개혁을 단행했고 특히 제복식 복장 규정을 폐지하기도 했다. 일본전몰학생기념회 상임이사, 일본 기독교협회 야스쿠니신사(靖国神社)문제 특별위원회 위원장을 역임했다. 평화운동, 천황제문제, 야스쿠니신사 국유화 문제 등에 관여하고 있다. 이 글은 필자가 한국에 모임에 참석하여 발언한 내용을 통해 한일 양국의 '상호이해'의 방법에 대해 기술하고 있다.

제암리 학살사건으로부터 50년을 기념하여 일본인의 보상 의사표시 운동이 일어났을 때 나는 한국이라는 나라의 존재에 대해 위화감을 가졌다. 1965년 한일조약의 불건전함은 실은 일본 측 문제인데, 조약을 맺은 상대로서 분단국가의 한쪽을 일방적으로 선택하여 다른 한쪽은 버린다는 것이 불만이었다. 여하튼 이 운동에

페이지
14-17

필자
오시마 고이치
(大島孝一, 1916~2012)

키워드
제암리 학살사건,
에스페란토,
'재일조선인',
야스쿠니신사
(靖国神社)

해제자
전성곤

88

관여하면서 처음으로 한국이 구체적으로 나의 시야에 들어왔던 것이다. '보상 증표'라는 서유럽적 발상은 운동을 확대해 가는데 있어서는 좋은 것이 아니었다. 그러나 무엇보다도 일본인에 대해 용서하기 어려운 것을 갖고 있는 한국인들의 마음과 상관없이 운동을 진행해 가는 주관적 선의에 문제가 있었다. 잘못하면 '그러니까 한국 일에 관여하고 싶지 않다'는 감정이 생겨나는 것이 솔직한 심정이었다.

내가 처음으로 한국을 방문한 것은 1973년 여름이었다. 김포공항 도착 로비에서 내 이름을 적은 종이를 들고 기다리고 있던 청년들이 있었다. 에스페란티스트의 S군이 나의 한국 방문을 알고 동료들을 동원했던 것이다. 나의 긴장은 한순간에 녹아내렸다. 군국주의 시대의 일본에서는 에스페란토는 '위험한 언어'로 간주 되었었다. 그것을 생각하면 지금의 한국에서 공공연하게 에스페란티스트가 활동하고 있다는 것에 감동했다. S군은 나의 스케줄을 보고 나를 위해 환영회를 열어 주었다. 내가 조선어를 못해도 에스페란토어로 젊은이들과 생생한 목소리를 들을 수 있는 통로가 열렸다. 이승만시대의 반일 교육과는 전혀 다른 것으로 일본어 학습의 열의와 함께 일본인과의 접촉을 요구하고 있다는 인상을 받았다.

내가 출석한 회의에서 짧게 발언했다. 그 발언 속에서 나는 '재일조선인'이라는 용어를 사용했는데, 이것이 문제가 되었다. 일본인인 내가 '조선'이라고 말한 것이 잘못된 것인 듯했다. 내 의도는 본국이 남북으로 분단되어 있어도, 아직 일본에서의 재류자격이 한국과 조선으로 나누어져 있어도 역사적인 사실로서 '재일조선인'이라는 범주가 있다는 것을 보여주고 싶었던 것이다. 그런데 이 발언자인 나를 제쳐두고 이것을 문제 삼은 한국인과 나를 대변해 준 재일조선인(한국적) 사이에 격렬한 논쟁이 시작되었다. 내 귀에 들리는 조선어는 말 그대로 격앙된 그런 느낌을 받았다. 결국 내 친구의 설득이 통했던지 나는 발언을 정정하지 않고 마무리지울 수 있었다.

이 회의에서 가장 인상 깊었던 것은 일본인의 발언이 한국 실정을 인식하지 않은 채 자신의 의견을 강요한다는 비난의 목소리가 한국 측에서 일어난 것이었다. 그곳에는 유신체제에 비판적인 입장을 취하면서도 안이하게 일본 측의 의견에는 동조하지 않는 자세를 읽을 수 있었다. 일본인의 소수 의견으로서 전쟁책임을 문제 삼고 있는 사람들이 있다고 해도 그것은 말이 아니라 실천으로 보여주지 않으면 쉽게 납득하지 않는다고 말하는 듯했다.

일본에서 야스쿠니신사(靖国神社) 국영화 반대 운동을 소개하자 예상외로 빠른 반응이 있었다. 그 당시 야스쿠니 반대 데모를 경비하는 경찰관 중에 '비국민'이라던가 '조선인'을 비방하는 목소리가 나왔다. 그 정도로 일본에서는 야스쿠니 신사 문제는 대중적인 지지를 받기 어려운 것인데, 한국에서는 이것을 이해할 소지가 있었던 것이다. 일본과 한국에서 각각 자신들의 고유 과제에 대해 관여하는 것이 연대라는 것을 알게 된 것도 이 회의의 수확이다.

가교
공습, 그리고 관헌의 눈
[架橋] 空襲, そして官憲の目

정승박은 재일조선인 1세 작가이다. 1970년 농민문학회 회원이
되었다. 1971년 『농민문학(農民文学)』 6월호에 「쫓기는 날들(追
われる日々)」을 게재하고, 11월호에 전쟁 시기 혼란 상황의 실제
체험을 바탕으로 쓴 「벌거벗은 포로(裸の捕虜)」를 발표한다. 이때
부터 '정승박'이라는 저자명을 사용한다. 「벌거벗은 포로」는 다시
『문학계(文学界)』에 전재(転載)되고 제15회 농민문학상을 수상했
으며, 아쿠다가와상(芥川賞) 후보에도 올랐다. 본 글도 오사카 대
공습 이후 관헌의 눈을 피해 먹을 것을 찾아다니며 피신하는 조선
인의 이야기를 적고 있다.

하루 종일 공습경보가 울렸다. B29라고 불리는 폭격기가 계속해
서 머리 위를 날아간다. 오사카 시내 대부분이 불탄 들판이 되어
버렸어도 연일 공습만은 지속 되었다. 밤에는 폐허가 된 건물에서
잠을 자고, 낮에는 먹을 것을 찾아다녔다. 이런 날 며칠을 보냈는
데, 결국은 먹을 것을 찾지 못했다. 시내 이곳저곳을 돌아다닌 끝에
겨우 오사카역에 도착했을 때의 일이다. 얼핏 보니 불타고 남은
한큐(阪急)백화점 앞에는 긴 행렬이 있었다. 무엇인가를 팔고 있는
것이 틀림없다고 생각했다. 그렇게 생각한 나는, 물만 먹고 버틴
몸이지만 전력을 다해 그곳에 갔다. 달려가서 그 행렬의 끝을 찾았
는데, 너무 길었다. 그 큰 건물 백화점을 한번 돌아서 기타노(北野)

페이지
17-21

필자
정승박
(鄭承博, 1923~2001)

키워드
공습경보, 공복,
군수공장, 조선인
부랑자, 종전(終戰)

해제자
전성곤

극장까지 이어져 있었다.

겨우 자리를 잡아서 행렬에 줄을 섰는데, 줄 서 있던 사람들은 웬일인지 침묵을 지키고 있었다. 옆 사람에게 이유를 물어도 일절 답이 없었다. 무기력한 상태로 얼굴이 새파랗게 질린 사람들뿐으로 침묵을 지키며 줄 서 있었다. 어느 한 곳에 서로 이야기를 나누는 목소리는 들리지 않았다. 일정한 간격을 두고 때때로 앞으로 움직이는 발소리만 들일뿐이었다. 공복을 견디기 위한 수단으로 나는 눈을 감고 마음을 진정시키고 있었는데, 그것은 마치 지옥으로 향하는 발걸음과 같은 생각이 들었다.

한 시간 정도 지났을까. 백화점 내에 들어가 보자 보인 것은 긴 행렬로 넓은 계단을 통해 위로 이어지고 있었다. 다른 쪽 계단으로는 내려오는 사람도 있었다. 그들은 일찍부터 줄지어 있던 사람들로 운 좋게 배를 채웠던 것일 것이다. 공복을 견디면서 행렬을 만들었던 사람들과는 달리 바쁜 발걸음으로 어딘가로 사라져간다.

도착해 보니 어둠뿐 아무것도 알 수가 없었다. 단, 가까이에서 파도 소리가 들려왔다. 강이라고 생각했는데 바다였었던 것 같다. 다가가 보니 어선인 듯했는데, 넓은 모래사장에 작은 배가 몇 척이나 나열해 있었다. 그곳에 올라타서 옆으로 누웠는데 너무 피곤했던 탓인지 몸이 축 늘어졌다. 한숨 자고 눈을 떴다. 새벽녘의 이른 여름의 하늘은 동쪽부터 새하얗게 보였다. 서둘러서 배를 빠져나갔다. 제방으로 올라가 감자밭을 찾았는데, 소나무 숲에도 언덕 위에도 그것이 보였다. 사람 눈이 덜 띄는 소나무 숲 쪽을 선택했다. 밭으로 내려가 감자를 캐자 그 속에서 붉은색의 감자가 커다란 감자가 나왔다. 흙은 털어내고 한입 깨물어 먹었다. 즙이 입속에서 퍼져나갔다. 몇일 동안 아무것도 먹지 못했던 입안 식도에 그 즙이 흐르는 느낌이었다.

감자는 큰 것도 작은 것도 있다. 가능한 한 큰 것을 골라서 포켓에 넣을 수 있는 만큼 넣었다. 몇 일간은 이것으로 연명했는데, 될

수 있는 한 관헌의 눈을 피하지 않으면 안 된다. 근무하던 군수
공장도 불타버린 지금, 잘못하면 조선인 부랑자로 취급될 우려가
있다. 그렇게 되면 어디로 보내어질지 모른다. 결국 바닷가를 돌아
다니거나 섬으로 다니면서 종전(終戰)을 알게 된 것은 8월 15일이
며칠인가 지난 이후의 일이다.

〈반도의 소국민〉 체험에 대해

[架橋] 半島の小国民体験について

페이지
21-24

필자
아키야마 슌
(山中恒, 1931~)

키워드
『우리들 소국민』,
소국민 체험,
연성(練成),
『우리들의 애국 경쟁
(僕等の愛国競争)』,
『군인 후원 교육 자료
(軍人後援教育資料)』,
일시동인(一視同仁),
내선융화(内鮮融和)

해제자
전성곤

아키야마 슌은 일본의 아동문학 작가이다. 홋카이도(北海道) 오타루시(小樽市)에서 자랐고 1944년에 구제(旧制) 오타루중학교(小樽中学校)를 졸업했다. 전쟁 중에는 황민화 교육을 받았는데, 그것을 지도한 교원들이 일본 패전 이후에는 정반대의 교육을 실시하는 것을 보고 위화감을 느꼈다고 한다. 이 체험을 통해 어른들이나 교원에 대한 불신감이 생기고, 그의 작품에도 영향을 미쳤다고 한다. 와세다대학(早稲田大学) 제2문학부 연극과에 진학하였고 졸업했다. 재학 중에 아동문학 창작을 시작했다. 1960년에 『붉은 털의 포치(赤毛のポチ)』라는 작품으로 아동문학자협회 신인상을 수상하고, 아동문학작가로 데뷔한다. 『우리들 소국민(ボクラ少国民)』시리즈를 1974년부터 간행했다. 전체 5부와 보충권(補巻)이었다. 1980년 가을에 세상을 떠났다. 이 글은 『반도의 소국민』시리즈와 관련된 내용과 함께 조선인의 체험에 대해서도 이야기한다.

올해 정월에 한 독자로부터 전화를 받았다. 그 '어느 한 독자'로부터의 전화에서 화제가 된 것은 『우리들 소국민』시리즈 5권과 보충 별권 「소국민 체험을 둘러싸고」를 읽은 감상이었는데, 이전에 『반도의 소국민』이라고 불렸었던 조선인의 소국민이나 타이완의 소국민에 대해 언급하지 않았던 것, 또한 보충 권호의 대담집에 왜 조선인 소국민 체험을 대담자로서 등장시키지 않았는가라는 '가슴 아픈' 곳을 찌르는 질문이었다. 그가 말하는 것처럼 대동아전쟁 하에서 소국민 체험자는 오늘날 40대 전후반에서 50대 전반의 일본인에 한정된 것은 아니다. 당시 대일본제국 통치하에 있었던 일본 본토 이외 지역의 동 세대 사람들도 어쩔 수 없이 소국민 체험을 강요당했던 것이다.

그의 조언에 의하면 조선인의 소국민 체험은 일본인 일반의 소국민 체험에 더하여 언어나 생활 습관까지 억압하는 민족차별이 추가된 것으로, 근저에 그러한 의식을 가진 일본인 교사들의 멸시적 연성(練成)은, 매우 심한 것이었다고 한다. 물론 모든 교사가 그러했던 것은 아니라고 말할 수 있지만, '조선어를 사용하는 자는 일본인이라고 간주되지 않으니 각오들 해라'라며 엄격한 체벌을 가하기도 하고, 상호감시를 강화하거나 연대책임을 부과하기도 하여 인간 불신 체험을 강요했다고 한다.

그러한 점은, 나에게도 쉽게 상상이 되는 것이었지만, 구체적으로 리얼하게 말해지면 자신이 책망 받는 듯한 고통스러운 마음이 들었다.

내가 『우리들 소국민』 시리즈에서 그 문제를 언급하지 않은 것은 첫째로 그것들을 증빙하는 당시의 자료가 입수되지 못했던 것도 있었는데, 그것과는 별개로 동일한 조선인의 소국민 체험자라 하더라도 일본 내지에 거주해 있던 사람과 조선 현지에서 초등학교를 다녔던 사람의 체험은, 커다란 차이가 있었다고 생각된다. 동일한 소국민 체험이라 하더라도 나처럼 일본으로서 전쟁에 협력하여 우리들을 연성 한 어른들을 고발하는 방식과는 다르고, 억압민족에 의한 피억압 현상으로서의 소국민체험이라는 시점을 취하지 않으면 안 되고, 그렇기 때문에 고발 측면에서도 커다란 차이가 있을 것이라는 상상은 들기도 하는데, 그 구체적인 단서가 되는 것을 얻지 못하고 내 능력의 한계에 의해 단념하지 않을 수 없었던 문제였던 것이다.

이외에도 『감격 미담: 상급용』(1942)에 「눈 내리는 밤의 수박」, 『우리들의 애국 경쟁(僕等の愛国競争)』(1941)에 「반도 소년의 군인 지원」, 『군인 후원 교육 자료(軍人後援教育資料)』(1941)에 「나이 먹은 상이군인을 위로하는 반도 출신의 소년」등 실화 미담이 게재되었는데, 이것도 '일시동인(一視同仁), 내선융화(內鮮融和) 미담'이라고 할 만한 것으로 각각의 주인공들이 현재를 생각하면 꽤 마음이 무거울 것이라고 생각된다.

아이를 버린 아버지
子供を棄てた父

오구리 게이타로는 역사학자이다. 전공은 중국고대사 쪽이다. 오이타시(大分市)에서 태어났고 1952년 도쿄대학(東京大学) 문학부 동양사학과를 졸업했다. 1958년에 도쿄대학 문학부 조수(助手), 1962년에 동양문고 연구원, 1965년에 니가타대학(新潟大学) 인문학부 조교수가 되었다. 1970년에는 릿쿄대학(立教大学) 문학부로 옮기고 1972년에는 교수로 승진한다. 릿쿄대학 사학회 회장을 역임했고, 1992년에 정년을 맞이했다. 이 글은 일본이 베트남에서 쌀을 매입하는 논리가 갖는 폭력성을 보여주고 있다.

기근 속에서 풀뿌리를 캐고 나무껍질을 벗겨서 그것을 먹고 사람뿐만 아니라 가축들도 아사(餓死)한 사실은 어느 나라든지 있다. 그러나 동서고금에 나오는 아사에도 살육에도 반드시 인위적인 요인이 있다.

일본군은 1940년 가을, 중국과 베트남의 국경을 넘어 프랑스령에 속한 베트남 북부를 침략했다. 태평양전쟁 1년 전의 일이었다. 일본은 베트남에 군정(軍政)을 실시하지 않고 프랑스 지배를 통해 베트남을 제압했다. 이중 지배였다. 일본과 프랑스 사이에는 어떤 신사협정이 있어도 지배받는 입장에서는 이중의 착취에 고통을 받는다.

일본은 베트남의 프랑스 정부에 쌀 매입을 강요했다. 남쪽 베트남 쌀을 일본은 현지 군수공장에서 연료 대신에 사용했다. 1942년

페이지
24-27

필자
고토 긴페이
(後藤均平, 1926~1998)

키워드
아사(餓死), 쌀,
군수공장,
미쓰이물산(三井物産),
일본침략행위

해제자
전성곤

부터 1945년 초기까지 미쓰이물산(三井物産)이 일본 국내로 이송한 베트남 쌀은 총계 250만 톤 이상이었다.

그리고 일본군은 베트남 지역을 결전장으로 예정하고 그것을 위해 쌀을 대량으로 끌어 모았다. 고래 미즈호 토지 북부 베트남은 프랑스로부터 반세기 동안 식민지정책에 의해 쌀 자급자족이 안 되어 남부로부터 쌀 경제기구에 편입되어 있었다. 그러니까 모든 곳에서 싸 공출을 실시한 것이다.

강제 매입을 통해 돈을 번 것은 식민지정책과 결탁한 베트남의 지주로서 중간매입 우두머리인 정부였던 일본 군부였던 것이다. 그렇기 때문에 일본군은 쌀을 충분한 양을 비축할 수 있었다. 그렇기 때문에 북부 베트남 농민들은 재배한 쌀을 빼앗겨버린 것이다. "1944년 5월부터 9월까지 세 번의 태풍이 북부 지역 쌀 재배 지역을 엄습했다. 당시 태풍은 농민들에게 무참한 피해를 주었다. 그 재해는 전시 상황의 경제 혼란 속에서 그들을 뒤덮은 것이었다. 천재지변이 반드시 아사(餓死)를 가져오는 것은 아니다. 프랑스 당국은 구제를 하지 않고 오히려 주민들이 굶어 죽는 것을 기대했다"(고방론, Ngo vinh Long)

이러한 상황의 사람들의 죽음은, 오키나와에서도 조선, 중국 필리핀에서도 있었다. 아니 더 넓은 지역 즉 유럽이나 러시아 지역에도 있었다. 15년 전쟁 중에 아니 더 이전부터 일본침략행위 100년간 이곳저곳에서 벌어졌었다. 이곳저곳의 민중들의 죽음을 간과해서는 역사를 배우는 의미가 없어진다.

과거를 과거로써 묻어버리는 것은 어느 나라 정부와 마찬가지로 그것으로 역사를 배우는 의미가 없는 것이다.', '조국 복귀 10년째'라고 칭하는 5월 15일, 나하(那覇) 식장에서 일본 총리의 축사나 어린이들의 서약 등을 들으면 100년 전의 '류큐 처분'이 이중으로 중첩되어 보인다. (참고서, Ngo vinh Long: Before the Revolution, the Vietnamese peasants under the French, Cambridge, 1973)

대담
15년 전쟁 하의 일본과 조선
[対談] 15年戦争下の日本と朝鮮

이 글은 재일한국·조선인에 대한 현황과 차별에 대해 논의한다.

편집부: 올 8월 15일로 전후 37년을 맞이하게 되는데, 지금까지 전전, 전중을 되돌아보는 작업이 여러 형태로 이루어져 왔다. 최근에는 쓰루미 슌스케가 『전시기일본의 정신사(戰時期日本の精神史)』(이와나미 서점(岩波書店))이라는 책을 간행했다. 그 중에서 중일전쟁 혹은 태평양전쟁이라는 구분법이 아니라, 1931년부터 시작되는 '15년 전쟁'으로서 이 전쟁을 이해해야 한다고 적고 있는데, 그 주변부터 이야기를 들었으면 한다.

쓰루미 슌스케: 시대를 살아가는 각각의 개인이 그 시대의 주관에 충실하다는 것은 소중한 것이라고 생각한다. 나중에 당대의 주관을 다시 바꿔 쓰는 사람은 불성실한 것이다. 그 주관에 충실하다는 것을 생각해 보면, 나는 1929년에 소학교에 입학했는데, 그 소학교 시절의 기억이 강렬하다. 〈만주사변〉(1931.9)이 있었고 얼마 후에 그것이 해결된다. 다시 〈상해사변〉(1932.1)이 일어나고 해결되고, 그리고 〈지나사변〉(1937.7)이 이어진다. 소학교 학생이었기 때문에 신문을 읽을 수 있는 것은 아니었는데, 그것들이 머릿속에 하나하나 들어왔다. 나와 마찬가지의 동시대 사람들은 대부분이 그러할 것이다.

강재언: 내 경우는 1934년에 조선에서 소학교에 들어갔는데, 그

페이지
28-41

필자
쓰루미 슌스케
(鶴見俊輔, 1922~2015),
강재언
(姜在彦, 1926~2017)

키워드
『전시기일본의 정신사』,
소학교, 중일전쟁,
『태평양전쟁』

해제자
전성곤

후 얼마 안 있어 1937년 7월 7일에는 중일전쟁이 발발하고 38년 7월에는 〈장고봉(張鼓峰) 사변〉이 있었다. 특히 조선에서는 장고봉에서 소련과 일본 양군대가 충돌한 이 사변이 대대적으로 보도되고 그 기념일에는 일본 국기를 게양하도록 했었다. 그러던 중에 1941년 12월에 태평양전쟁이 시작된다. 그리하여 우리들은 일본을 위해 피를 흘리지 않으면 안 되는 명분도 없었지만 징병 문제가 눈앞에 닥쳐왔다.

쓰루미 슌스케 : 사변들이 있은 후 대동아전쟁이 벌어지게 된다. 그것을 하나의 연결로서 보지 않는 것은 잘못된 것은 아닌가. 주관은 주관으로 생각하면서 왜 이러한 주관이 우리들 속에 만들어졌는가. 만든 자가 있는 것이다. 그렇게 생각하고 있을 때 1955년 이와나미서점으로부터 『소와사(昭和史)』(도오야마 시게키(遠山茂樹), 이마이 세이치(今井淸一), 후지와라 아키라(藤原彰) 공저)라는 저서가 간행되었다. 그 책의 띠글에 '우리들은 불과 30년 동안에 두 번의 전쟁을 체험했다'라고 적혀있었다. 그것을 보고 이것은 안되겠다는 생각이 들어서, 그 띠글에 대해 비판을 '일본 지식인의 아메리카 상(像)'(『중앙공론(中央公論)』1956년 7월호)에 게재했다. '만주사변'을 기점으로 1945년 8월에 이르는 이 기간에서 눈을 떼지말고 '15년 전쟁'이라고 하는 것이 어떤가라는 제안이었다. 그러니까 나는 내 자신의 주관 속에서는 별개의 사건이지만, 그것은 그것으로 보기도 하면서, 더 큰 전망을 만들고 싶은 생각이 들었다.

이에나가 사부로(家永三郎)도 『태평양전쟁(太平洋戰争)』(이와나미 서점, 1968) 서문에서 실은 이 전쟁은 중국 침략으로 시작되고 중국에게 패한 전쟁이기 때문에 15년 전쟁이라고 부르는 것이 적당한데 이것으로는 일반적으로는 통요되지 않기 때문에 태평양전쟁이라고 했다고 적고 있다. 즉 양두구육(羊頭狗肉)을 뒤집은 구두양육(狗頭羊肉)인 것이다. 내용으로서는 15년 전쟁으로 전개하고 있는 것이 이 책의 핵심이다.

강재언 : 최근에 역사학계에서도 그러한 견해가 정착되고 있다.

쓰루미 슌스케 : 태평양전쟁이 개시되었을 때는 이름이 없었다. 진주만공격 이후에 이름을 어떻게 할 것인가 하고 어전회의가 열렸고, 그때 태평양전쟁이라는 명칭도 후보 중 하나로 올랐었는데, 각하되었다. 중국과의 전쟁에서 혈로를 열기위해 미국·영국과 전쟁을 치른다는 전쟁을 시작한 군국주의자만의 현실 인식을 갖고 있었던 것이다.

강재언 : 그것은 결국 '대동아공영권' 실현을 위한 전쟁으로서 '대동아전쟁'이라는 것이 된 것인가.

쓰루미 슌스케 : 그렇다고 볼 수 있을 것이다. 그러나 그러한 현실 인식을 패전 후에 미국이 시키는 대로 그것을 걷어치우고 그 전쟁은 미국에 대한 전쟁이었다, 일본은 미국에 패했다고 하는 전후 지배층에게 형편이 좋은 떠 하나의 전쟁관을 꺼내왔다. 지금의 교과서에서도 메이지 출발부터 시작되는 아시아침략 정책 선상에서 만주침략이 있었고, 그것을 지켜낸다고 할까 혹은 끝까지 가본다는 것으로 대동아전쟁을 시작했다고 하는 것이 희미해져 있다.

강재언 : 게다가 그 '태평양전쟁'관과 함께 최근의 특징으로서는 미국과의 전쟁만은 안 좋았다던가, 다른 한편으로는 일본이 어쩔 수 없이 진주만을 공격하도록 유도되었던 전쟁이라는 견해조차 생겨났다. 어느 쪽 견해이든 중일전쟁과의 연속성 속에서 보지 않으면 커다란 함정이 있는 것이다. 그러니까 15년 전쟁이라는 구분법은 1931년 9월의 만주사변부터 시작해 일본이 패전에 이르기까지의 과정으로서 이 전쟁의 구조를 생각할 경우 중요하다고 생각한다.

「내선일체」·동화와 차별의 구조

「内鮮一体」·同化と差別の構造

미야타 세쓰코는, 일본의 역사학자이다. 전공은 조선사였다. 와세다대학(早稲田大学) 강사를 지냈고 가쿠슈인대학(学習院大学) 객원연구원을 역임했다. 1959년 조선사연구회 창설에 관여했고, 일본의 조선 식민지 지배를 비판하는 입장에서 자유주의사관 연구회를 비판했다. '새로운역사교과서를 만드는 모임'을 비판하고, 한일합방의 부당성을 주장했다. 이 글은 일본의 식민지 지배 이데올로기였던 '내선일체'의 내용을 구체적으로 기술한다.

전쟁과 민중

『미나미지로(南次郎)』 전기(傳記)에 의하면 1936년 8월 5일, 조선총독부에 취임한 미나미가 가장 먼저 결의한 조선통치 목표는 '첫째 조선에 천황폐하의 행행(行幸)을 바라는 것'이며, 둘째는 '조선에 징병제를 실시하는 것'(424페이지)에 있었고, 미나미 지로의 시정기(施政期) 모든 정책은 이 두 목표를 실현하는 것에 있었다고 한다.

이것은 매우 흥미를 유발하는 기술이다. 여기에는 지배자에게 있어서의 '황민화 된 조선'이란 '천황의 행행을 바라는 조선, 징병제를 실시할 수 있는 민심'이었던 것이다, 이러한 바람을 품고 조선 땅에 건너간 미나미 지로에게 조선의 치안 상황은 너무나 우려스러운 것이었다. 1937년 7월 7일 중일전쟁이 발발하자, 조선의 민중

페이지
54-63

필자
미야타 세쓰코
(宮田節子, 1935~)

키워드
『미나미지로(南次郎)』,
황민화, 동화,
내선일체, 내발성

해제자
전성곤

들 사이에는 갖가지 유언비어가 나돌았다. 7월 25일에는 평양에 '저축이 모두 군비로 징발된다'라고 하는 유언비어가 나돌아 시내 우체국, 은행, 금융조합 등에서는 예금을 인출하려는 사람들이 가 득했다고 하는 일종의 패닉 상태가 일어났다는 것을 비롯해 중일 전쟁 하에서 생활고, 사회 불안을 배경으로 '유언비어'는 공포의 전파력을 갖고 민중들 사이에 퍼져나갔다. 지배자가 중일전쟁이 '동아신질서 확립'의 '성전'이라며 그 의의를 절규해도 조선 민중 은 자신들의 역사적 체험을 근거로 전쟁의 본질을 꿰뚫어 보고 있었다.

일본 측의 논리·동화

일본은 조선 민중을 끌어안으면서 중일전쟁에 돌입했다. 그러 나 미나미지로는 앞서 언급한 것처럼 심중에는 징병제 시행(조선 에서의 징병제는 1942년 5월에 공표되고 44년에 첫 번째 징병검 사가 실시된다)을 결의하고, 이들에게 총을 건네주며 '황군 병사' 로서 전장에 내몰려고 의도하고 있었다. 지배자의 위기감이 증대 하지 않을 수 없는 이유는 말 그대로 여기에 있었다. 이 위기감에 서 중일전쟁 하의 조선에서는 '최고통치목표'로서 내선일체가 제 창되게 되었다.

내선일체란 제창자인 미나미지로 자신의 정의에 의하면, '반도 인으로 하여금 충량한 황국신민답게 하는 것'(도지사회의에 있어 서의 총독 훈시)(1939.5.29)이라는 것이었다. 이것은 사상으로서 명 확한 체계를 갖는 것은 아니었고, 오히려 정치 슬로건으로 절규되 었다.

당시 조선에서는 실로 다종다양의 '내선일체'론이 나타났다. 당 시 쓰여진 저서, 논문, 소설, 시, 수필 등을 보면 그 중에서 내선일 체라고 언급하지 않는 것은 없을 정도였다고 해도 과언이 아니다. 각자는 각각의 입장에서 각각의 생각을 담아 '내선일체'를 주장했다. 그러나 이들 잡다하고 방대한 문헌을 정리하고 분석해 보면 기본적으로는 다음과 같은 두 개의 입장으로 나눌 수 있다고 여겨진다. 첫째는 일본인측이 제창한 동화의 논리로서의 내선일체론이고, 다른 하나는 조선인 측이 제창한 '차별로부터의 탈출'의 논리로서의 내선일체론이다. 둘은 이율배반적인 논리인데, 내선일체 속에 담으려고 했던 것이다. 내선일체론의 본질적인 모순은 바로 여기에 있다.

그러나 중일전쟁 하에서 조선인의 '무의식의 구조'까지 황민화하는 것을 의도한 지배자는 어떤 수단을 이용해서라도 조선인의 황민화에 내발성을 끄집어내기 위해서는 그 모순을 충분히 이해한 후 동시에 조선인이 제창하는 차별로부터의 탈출이 가능하다고 보여주고자 했다.

조선인의 '황민화 정도'가 충분하지 않다는 것에 초조감을 느낀 미나미 지로는 마침내 조선총독의 이름으로 공식적인 내선일체의 궁극적 모습은 내선의 무차별, 평등에 도달해야 한다(국민정신 총동원 조선연맹 간부총회 석상)이라고 명언하기에 이른다. 그러나 그것은 지배자에게 있어서는 동화의 수단으로서 이 말을 사용했을 뿐 이며 그 이상도 그 이하도 아니었다. 그러나 민족차별을 겪어 온 일부 조선 지식인은 이 말에 '차별로부터의 탈출'을 기대를 했다. 비극의 발단은 여기에 있었다.

1982년 가을(8월) 31호

녹기연맹과 「황민화」 운동
綠旗聯盟と「皇民化」運動

다카사키 소지는, 일본의 역사학자, 한국문제 평론가이며 쓰다주쿠대학(津田塾大学) 명예교수이다. 아시아여성기금 운영심의위원회 위원장을 지냈다. 1967년 도쿄교육대학(東京教育大学) 일본사를 전공했고, 대학원에서 석사과정을 수료했다. 1987년 쓰다주쿠대학 문예학부 조교수로 임용되고, 1991년 교수가 된다. 1995년에는 조선식민지 지배에 대한 사죄와 배상을 일본정부에 요구하는 운동을 한 것을 와다 하루키(和田春樹)에게 인정을 받아 아시아여성기금운영 심의회위원으로 추천된다. 이 글은 식민지 조선에서 활동한 녹기연맹의 성립 역사와 그 활동에 대해 구체적으로 기술하고 있다.

조선총독부는 15년 전쟁에 즈음해 조선인을 '황민화'하여 전쟁에 동원하기 위한 각종 정책을 취했는데, 그 정책에 대해 조선에 사는 일반 일본인도 무관계는 아니었다. 그러나 그 실태에 대해서는 반드시 분명한 것은 아니다. 여기서는 총독부 정책에 적극적으로 협력한 민간단체 녹기연맹 활동을 통해 재조일본인이 15년 전쟁 하에서의 조선에서는 얼마나 황민화와 전쟁에 협력했던가 그 실태의 일단을 밝혀내고 일본인의 식민지화 책임, 전쟁 책임을 고찰하는 계기로 삼았으면 한다.

페이지
64-72

필자
다카사키 소지
(高崎宗司, 1944~?)

키워드
조선총독부,
15년 전쟁, 국주회,
녹기연맹, 천업청년단
(天業靑年團)

해제자
전성곤

녹기연맹의 역사

녹기연맹의 역사는, 1925년 2월 11일 기원절에 발족한 경성 천업청년단(天業靑年團)으로 시작했다. 이 단체는 열렬한 국주회(國柱會, 국수주의적인 니치렌(日蓮) 종교도의 집단)회원으로 경성제국대학 예과 교수인 쓰다 사카에(津田栄)의 주변에 모인 예과 학생들에 의해 결성된 법화경 연구와 수양을 목적으로 한 작은 모임이었다. 물론 이 시점에서는 총독부와의 관계는 없었다. 1928년 4월에 는 경성 천업청년단 여성판인 '묘관(妙觀) 동인의 모임'이 소화(昭和)천황 즉위를 기념하여 결성된다. 결성 중심이 된 것은 쓰다 사카에의 부인 세쓰코(節子)였다.

경성 천업청년단으로부터 졸업생이 나오게 되자 그들을 조직적으로 조직하는 것이 문제가 되어 30년 5월에 경성 천업청년단은 그들과 묘관동인의 모임과 합체하여 논기동인회를 결성한다. 그러나 모임의 성격은 종래와 같이 불교수양단이었다. 게다가 모임의 명칭으로 사용된 '녹(綠)'에 대해서는 '생성 발전을 상징하는 일본주의 정수를 상징하고 그것은 불교의 불성, 유교의 천에 통하고, 서양문화의 인본주의의 진정한 의의를 정화하는 의미를 갖는다'라고 설명하고 있었다.(녹기일본문화연구소『조선사상계개관』) 녹기동인회는 33년 2월 11일에 기원절 날에 개조하여 녹기연맹으로 재발족했다. 강령을 새롭게 정하고 사업내용을 명확히 하여 전문 종사 직원을 두고 조직 확대를 꾀하게 되었다.

녹기연맹과 총독부

녹기연맹이 처음에 가장 힘을 쏟은 것은 단체에 대한 교화 활동이었다. 그것은 그 시기 총독부가 주창한 심전개발(心田開發)이라는 이름의 조선인 황민화 운동과 보조를 맞춘 것이기도 했다. 쓰다 사카에의 「심전개발 근본적 용의(用意)」(『녹기』36년 5월호)에는 다음과 같은 내용이 있다. "우리들이 의도하는 것이 당국의 방침과 일치하는 것을 알고 진심으로 기쁘고 점점 더 이 강령의 취지에 철저하게 노력해야겠다고 생각하고 있다".

다음으로 녹기연맹과 총독부의 관계에 대해 구체적 예를 보도록 하자. 녹기연맹에서는 월례 참배날을 정하고 신사참배를 거행하고 『녹기』에 총독부 보안과장 우에우치 히코사쿠(上内彦策)의 '신사 참배에 대해(36년 1월호)'나 조선신궁(朝鮮神宮) 궁사(宮司) 요시 다 사다나오(吉田貞治)의 '신사참배(神社参拝)에 대한 마음 및 작법'(37년 6월호)등을 게재하고 신사참배 계몽 활동을 실시했다. 당시 총독부는 조선 각지에 신사를 건립하고 기독교 신자에 대해 신사참배를 강요하고 있었다.

녹기연맹은 이상과 같이 총독부의 황민화 정책이나 15년 전쟁에 스스로 협력하고 많은 조선인을 끌어들였는데, 45년 8월 15일 일본 의 패전과 함께 그 활동을 종료했다. 분명히 쓰다 세쓰코 등은 주관 적으로는 '조선인과 함께 행복하게'라는 생각을 갖고 있었는지 모 르겠지만, 녹기연맹 활동의 결과는 조선인의 불합리한 일본인화였 고 때로는 죽음이기도 했다. 녹기연맹이 민간단체였다는 것을 생 각해 본다면 그러한 결과를 초래한 책임을 권력에게만 귀착시키는 것은 안 될 것이다.

가네코 후미코와 조선

金子文子と朝鮮

기시노 준코는 사이타마현(埼玉県)출신이다. 도쿄여자대학(東京女子大学) 문학부 영미문학과를 졸업하고, 산케이신문사에 입사하여 문화부 기자로서 활동했다. 연재물로 「비행소년(非行少年)」등을 담당했다. 1944년에 퇴직하고 대학 시간강사로 근무하면서 번역과 문필활동에 종사한다. 그후 재일조선인 문를 연구하기 시작했다. 주요 저서로는 『잊혀진 비행소년(忘れられた非行少年)』, 『비행소녀(非行少女)』, 『자립과 공존 교육(自立と共存の教育)』등이 있다. 이글은 가네코 후미코의 일생을 식민지 조선과의 관계를 중심으로 기술하고 있다.

페이지
186-199

필자
기시노 준코
(岸野淳子, 1930~1985)

키워드
대역죄, 박열,
나카쓰카 아키라
(中塚明),
사이고 다카모리
(西郷隆盛),
이토 히로부미
(伊藤博文),
헌병분견소

해제자
전성곤

대역죄로 고초를 당한 23살의 가네코 후미코가 감옥에서 목숨을 끊은 1926년의 일이다. 지금부터 반세기 이상도 더 이전에 목을 매어 자살한 한 여인의 일생이 우리들의 마음을 붙들고 있는 것은 어째서일까. 나는 그것을 오랫동안 생각해 왔다. 아마도 이 물음이, 지금부터 써 내려갈 글의 실타래를 풀어주는 것인데, 여기에 '조선'이 깊게 얽혀있는 것은 확실한 것 같은 생각이다. 그러나 생각해 보면 가네코 후미코에게 지금 더욱 깊이 생각하고 있는 것은 일본에 있는 나뿐만이 아니다.

1973년 여름의 일이다. 한국 경상남도 개경군 마성면 오천리(梧泉里) 산속에 '가네코 후미코 여사의 비(碑)'라고 새긴 대리석 비석이 건립되고 그 제막식이 있었다. 반세기도 더 이전 옛날, 유골을 가지고 돌아온 박열의 가족에 의해 만들어진 후미코의 묘였다. 그로부터 수십 년의 세월이 지난 오늘까지 찾아오는 사람도 없이 후미코는 조선의 대지에서 잠자고 있었는데, 이제야 묘 옆에 한국 남자들 손에 의해 새로운 비가 건립되게 되었다.

후미코가 법정에서 말한 것처럼 남편 박열과 '백골이 되어서도 함께 묻어주길 바란다'라고 말한 바람은 이루어지지 못했지만, 후미코는 말 그대로 조선의 흙이 되었다. 그리고 지금도 이 나라의 일부 남성들의 가슴에 계속 살아있게 되었다.

나에게 있어 이것이 의미하는 것은, 한 남녀의 인연이 각각에 속한 국가와 국가의 불행한 관계를 넘어, 그것과 대극을 이루는 모습을 몸소 보여준 것 이라는 점이다. 국가와 국가의 불행한 역사, 특히 가네코 후미코가 태어나고 성장한 시대의 조일관계를 '가네코 후미코와 조선'을 생각할 때의 무대로서 그곳부터 이 원고를 시작하고 싶다.

'일본과 조선의 36년의 불행한 역사'라는 표현은 정확하지 않다고 나카쓰카 아키라(中塚明) 씨는 말하고 있다. (『근대일본과 조선(近代日本と朝鮮)』) 이것은 메이지 이후의 한일관계사를 들추어 보면 바로 알 수 있다. 1873년 사이고 다카모리(西鄕隆盛)를 중심으로 정한론이 일어나고, 그로부터 2년 후 강화도사건, 연이어서 한일수호조약(1876)도 이웃 조선을 끌어들여 일본 정부는 후발자본주의 국가로서의 길로 돌진했다. 그 위에서 청일, 러일전쟁이 있었고 1910년 한일병합을 실현하게 되는데, 이 시기는 이미 조선반도의 정치적 통치는 물론이거니와 철도, 통신 등 각종 사업도 일본 손으로 넘어갔고 병합은 말하자면 식민지화를 못 박았다.

가네코 후미코가 이러한 역사의 수용돌이 속에서, 원하지 않던 무적(無籍)의 아이로서 태어난 것은 1904년, 러일전쟁의 해이다. (법정에서 아버지 사하쿠 후미카즈(佐伯文一)의 증언에 의하면 묘

년생(卯年)이라고 했는데, 1903년생이라고도 생각되는데, 후미코 자신이 말한 것을 당시 사용하여 세는 나이로 생각하면 1904년이라고 추정된다. 아직 확정할 수 있는 것은 아닌데, 여기서는 1904년 설을 취한다) 이해 조선에서는 경부철도 공사가 준공되었다.

이토 히로부미(伊藤博文)를 특명전권대사로 보호조약이 체결된 것은 다음 해 1905년, 일본정부는 이 조약으로 서울에 통감부를 두었다. 초대 통감이 된 이토 히로부미는 하얼빈에서 안중근에게 사살된 것은 병합 직전 1909년이었다.

9살의 가네코 후미코가 조선의 부강에 건너간 것은 1912년, 한일합방으로부터 2년 후의 일이었다. 경부선 부강역(夫江驛) 근처에 헌병분견소가 있었다. 후미코의『무엇이 나를 이렇게 만들었는가』속에 헌병이 조선인을 채찍으로 때리는 것을 언덕 위에서 보았다고 기술하고 있다. 후미코가 부강에 건너간 것은 숙부 이와시타 게이자부로(岩下敬三郎)도 원래 철도 보선 주임으로서 병합 전 도한(渡韓)했는데, 후미코가 건너갔을 때는 고리대금업자에 종사하고 있었다. 후미코가 다닌 부강심상소학교의 뒷산은 이와시타 집안 소유였다. 후미코가 경부선의 작은 역, 부강에서 산 세월은 역사적으로 말하면 무단정치 시대, 개인사적으로 보면 9살부터 16살 때까지 감수성이 풍부한 소녀기였었다. 아버지 쪽의 조모(祖母)에 의해 숙모의 이와시타 집안에는 처음에는 양녀로 들어갔던 것이다.

온돌방

おんどるばん

한글 시를 대역(對譯)하고 나가사키시(長崎市) · 마쓰다 구니히로(松田邦弘) · 회사원 · 50세

계간이라서 느긋한 마음으로 읽을 수 있다. 내용은 질이 높아서 읽는 보람이 있으며 사진 부분도 적절하다고 생각한다. 가능하다면 조금 더 긴 중편 기사도 한 번에 게재했으면 한다. 또한 조선인이 집필한 한글 문장은 번역을 붙여서 게재해 주었으면 하는데 어떠한가. 특히 시는 원문 번역을 첨부해 주었으면 한다.

조선에 대한 진지한 자세 아게오시(上尾市) · 아베 마사유키(阿部正行) · 대학생 · 20세

귀 잡지를 여러 측면에서 읽고 있다. 특히 대학 후기 수업에서는 조선에 대해서 자세하게 연구할 기회가 늘어나기도 해서 이 잡지가 실제 수업에서도 도움이 된다고 생각한다. 이번 봄에는 일본테레비 11PM에서도 조선 문제가 크게 다루어지고, 또한 서울 올림픽이 가까워짐에 따라 점점 더 일본에서 조선에 대한 관심이 커진다고 생각한다. 그런 와중에 조선을 보는 귀 잡지의 진지한 자세에는 머리가 숙여진다. 귀 잡지 제29호의 요코오 마사노부(橫尾正信)의 「중국연변의 단장(斷章)」은 나도 적지 않게 연변조선족자치주에 관심이 있으며, 또한 내가 다니는 도쿄외국어대학(東京外国語大学) 조선어학과 선생들도 작년에 이곳을 방문했던 것도 있어, 아주

페이지
254-255

필자
독자

키워드
한글 시,
연변조선족자치주,
나카니시 이노스케,
조선문화, 동포

해제자
전성곤

흥미롭게 읽었다. 그리고 강재언씨의 「근대조선의 발걸음」도 매우 흥미롭고, 다음 호가 기대된다.

조선을 바라보는 것 우쓰노미야시(宇都宮市)·에쓰도모 아키가즈(越智明和)·회사원·62세

귀 잡지 게재의 「나카니시 이노스케(中西伊之助)와 조선」의 저자인 다카야나기 도시오(高柳俊男) 씨의 모당(母堂)에서 제29호를 발송해 주었다. 아직 젊은 분 같은데, 나카니시를 통해 '조선'을 바라보고, 그리고 되돌아온 것에 공명하여 연구자로서 밸런스를 유지하면서 권력에 반발해 희생자가 된 선각자들에게 애도의 마음을 표명하고 싶다. 이번 호를 보내준 5월 8일의 조선일본 석간에는 조선통신사 어루선(御樓船)의 병풍 발견 기사와 사진이 게재되어 있었는데 우연의 일치인지 매우 기뻤다. 내가 태어난 고향은 시즈오카현(静岡県) 이와타군(磐田郡)인데, 1928년 봄까지 거기서 살았다. 천룡천(天竜川)의 물소리만 들리는 조용한 평화 마을이라고만 믿고 있었는데, 이 고향 근처에 히사네(久根) 동산(銅山)에서 사와다 다케시(沢田猛), 나가이 다이스케(永井大介) 씨의 르포 '옥천룡(奥天竜)'에서의 조선인 강제연행'을 보는 듯한 지옥 그림이 그려져 있었던 것은 충격적이었다. 전쟁은 어떤 상황에서든지 죄악이며 그 전쟁을 일으키는 것은 미치광이 권력자들인 것이다.

김달수 씨의 연재 기대 후지시(富士市)·가토 요시오(加藤善夫)·교원·33세

김달수 씨의 『일본 속의 조선문화(日本の中の朝鮮文化)』 시리즈 간행이 6권으로 멈춘 채 많은 시간이 지났는데, 어떻게 되었나 궁금해졌다. 본 잡지 30호부터 연재가 시작되어 매우 기쁘게 생각한다. 게다가 내가 태어나고 자란 아이치현이 다루어지고 익숙한 토지와 사적이 새로운 시점에서 해명되어 한층 더 흥미가 있고 기

대가 된다. 본 잡지가 계간지라서 기다리기가 멀게만 느껴진다.

잡감 한 둘 히메지시(姬路市)·다니구치 마사오(谷口真吾)·회사원·29세

고대사를 좋아하기 때문에 귀 잡지의 29호 특집 「다카마쓰즈가 고분과 조선(高松塚古墳と朝鮮)」을 흥미롭게 읽었다. 공부를 하면 할수록 고대로부터 일본과 조선은 깊은 관계가 있었다는 것을 알게 되어 놀라게 된다. 그리고 또 하나 흥미 깊은 것은 요코오 다다노부(橫尾正信) 씨의 「중국 연변의 단장」과 니시카와 히로시(西川宏) 씨의 「중국 속의 조선」이었다. 조일(朝日)관계 뿐만 아니라 조선과 일본 이외의 나라 관계를 특집으로 하는 것도 흥미롭지 않을까 생각한다. 그렇게 한다면 세계 속의 조선문화가 좀 더 선명하게 드러날 것으로 여겨진다.

필요한 상애적(相愛的) 정신 히라쓰카시(平塚市)·사이토 데쓰조(齋藤哲三)·자영업, 70세

1931년경, 나는 프롤레타리아 연극 운동 관계로 2년 간 어둠의 감옥 생활을 보냈다. 내가 근무한 사회주의 통신사에는 조선인도 있었다. 그 사람들과 함께 고통을 나누고, 한솥밥을 먹었다. 그러나 그 사람들 이름은 기억하지 못한다. 나도 전쟁에 동원되어 봉천(奉天), 모단강(牡丹江) 남방 쪽으로 전전(轉戰)하고 1946년에 조국의 땅을 밟았다. 우리 일본인에게 필요한 것은 근린 아시아 사람들과의 '상애적 정신에 근거한 교류가 아닐까'라고 생각한다.

재중, 재소련의 조선인사(朝鮮人史)를 오사카시(大阪市)·오문식(吳文植)·자영업·26세

귀 잡지에서는 재중국, 재소련의 동포에 대해서 지금까지 여러 번 다루고 있는데, 왜 그들이 조국을 떠나지 않으면 안 되었는가, 그 역사적 배경과 그 이후 생활은 어떠했는가라는 점이 단편적으로만 기술되어 있는 것이라는 생각이 들었다. 재일동포의 역사에 대해서는 많은 서책이 있는데, 재중국, 재소련 동포 역사를 다룬 책은 눈에 띄지 않는다. 알기 쉬운 논문을 귀 잡지가 게재해 주길 바란다.

그리고 중국 동북지방 연변 조선족 자치주는 간도라고 불리어 조선과 중국 사이에 간도 귀속 문제가 있었다고 하는데 그 역사와 현재의 남북조선의 그 문제에 대해서도 다루어주면 감사하겠다.

편집을 마치고
編集を終えて

8.15에 생각한다 편집부·사도 노부유키(佐藤信行)

올해 8월 15일은 전후 37년을 맞이했다. 우리들 전후 출생 세대가 과반수를 차지하게 된 오늘날 15년 전쟁이란 무엇이었는가, 그 세대를 산 사람들의 육성을 통해 동아시아의 동시대사(同時代史)를 구성해 보고 싶다고 생각해 왔다. 이러한 일본의 '전후 민주주의' 내부에 있으면서 매우 고전적인 물음을 지금에 와서라고 의식하지 않을 수 없었던 것은 요근래 1년 2년 사이에 일어난 '교과서를 지켜라'라는 운동이나 반핵 운동에 참가하면서 느낀 안타까움이나 초조함이 있었기 때문이다.

지금 한국에서는 대부분의 사람들이 강한 위기감을 갖고 '새로운 국가, 새로운 사회 건설이라는 (중략) 민족적 작업은 시작도 하지 않았는데 끝났다'(이영복), 일본의 식민지 지배에 의해 부정된 것을 부정하는 것이 불가능했던 해방 후의 행보를 통절한 마음으로 말하고 있다. 자기 절개와 같은 말을 앞에 두고 우리들 일본인은 이 37년 간을 부정(否定)해야 할 것을 부정하는 것이 과연 가능했는가라고 자문하지 않을 수 없다. 패전 직후 교과서에서 '단순한 신화와 전설'을 검은색으로 덧칠한 것, '타민족에 우월한 민족, 가공된 관념'을 소거시킬 수 없었던 무엇을 부정해야 하는가를 일본 스스로가 정립하지 못하고, 지나쳐온 것이 아닐까.

페이지
256

필자
사도 노부유키
(佐藤信行),
이진희

키워드
8월 15일,
동시대사(同時代史),
교과서,
가공된 관념,
세계인

해제자
전성곤

편집을 마치고 편집위원·이진희

혹서(酷暑)의 8월이 도래했다. 8월이 되면 나는 '8·15 해방'이란 조선에게는 무엇이었는가를 생각하게 되는데, 신문이나 잡지를 보는 한 전쟁을 긍정하는 풍조가 근래에 들어 강해진 것 같은 인상이다.

독자로부터의 강한 요망도 있어서 15년 전쟁 하의 조선을 특집으로 꾸몄다. 각 논문에서 각각의 문제가 부각 되었는데, 대담에서 쓰루미 슌스케(鶴見俊介) 씨의 지적은 특별히 중요하다는 생각이 들었다.

'일본인은 세계인이 되어가는 방법 이외에는 이러한 좁은 나라에서 살길은 없는데, 그 세계인이 된다고 할 때 세계인이 되는 계기는 우선 조선인과 일본인의 관계라고 생각한다. 그렇기 때문에 조선사에 뒷받침되는 일본사를 취해가는 것이 세계인으로서 일본을 보는 최초의 계기인 것이다. 그 길을 아직 만들지 못하고 있다'

그러한 길을 만들어 가기 위해서는 조선에서 패전을 맞이한 사람들의 체험기 '재조일본인에게 15년 전쟁'은 매우 귀중하다고 생각한다. 내년도부터 새롭게 사용되는 교과서가 거의 모아졌는데, 고등학교 일본사 '교과서에 쓰여진 조선'에는 문제 삼지 않으면 안되는 것이 많은 듯하다. 새로운 길을 만들어 가는 방법의 하나로서 교과서에 대한 비판, 감상을 적어 보내주기를 바란다.

1982년 겨울(11월) 32호

가라키 구니오는 저널리스트이다. 『일본독서신문(日本讀書新聞)』 편집장을 역임했다. 이 글은 국정교과서에 대한 개인적 체험을 전전과 전후를 연결하여 기술하고 있다.

우리 다이쇼(大正) 초기 출생자들에게 소학교 시절의 교과서라고 하면 모두 국정교과서로, 아무 멋도 없는 검은 색 표지였다. 수신(修身)이나 국어는 A5판형이고, 산술은 B6판형이었다. 색다른 것은 습자(習字) 교과서였다. 길고 가느다라면서 두꺼운 단편 저서의 느낌이었다. 좌측에 두고 페이지를 펴면서 습자를 하기에 편리하도록 배려한 것이었다.

대학 강의를 빼먹고 1939년 2월에 간행되기 시작한 미카사쇼보(三笠書房)의 『일본역사전서(日本歷史全書)』를 애독한 것은 잊을 수가 없다. 이 『일본역사전서』를 통해 후에 자기를 깨달은 오쿠보 도시아키(大久保利謙), 엔도 모토오(遠藤元男), 가와사키 쓰네유키(川崎庸之), 와타나베 다모쓰(渡辺保), 고니시 시로(小西四郎), 이에나가 사부로(家永三郎), 다카하시 신이치(高橋磌一) 등의 이름을 머리에 새기면서 그 신선한 감각과 방법론에 의한 과학적 기술에 계발 되었다. 전쟁 중에 장서를 산일(散佚, 흩어져 없어짐)한 나는 전후 간다(神田)의 헌책방을 돌아다니며 이 전집을 고생하여 전부 모았다. 대학 친구들 중 N과는 매우 친하게 지냈다.

페이지
14-17

필자
가라키 구니오
(唐木邦雄, 1916~1985)

키워드
수신(修身),
국정교과서,
이에나가 사부로,
『일본독서신문』,
문부성

해제자
서정완

졸업 그는 연구자의 길을 갔는데, 나는 저널리스트가 되어 마침내 전장에 내몰리게 되었다.

전후 한때 N은 문부성 교과서 검정 조사관을 지냈다. 내가 있던 『도서신문(図書新聞)』이 교과서 재판의 원고인 이에나가 사부로를 강하게 지지하는 입장을 취한 것을 N은 별로 달갑지 않게 생각하고 있었던 듯하다. 매년 보내오던 연하장에 '아직도 이에나가 씨 일에 관계하고 있는가, 적당히 해라'라는 문구가 적혀 있었다. 지금은 모 사립대학의 교수를 지내고 있는데, 모 사건에 관련되어 해명하는 N의 모습이 텔레비전에 나와서 나는 쓴웃음을 지었다.

버마에서 복원(復員) 하여 『일본독서신문(日本読書新聞)』 편집을 맡게 된 나는 첫 일이 전후 처음으로 국정교과서 『국가의 발자취(くにのあゆみ)』의 소개기사를 쓰는 것이었다. 연합군 최고사령부의 1946년 10월 14일부 일본 정부에 대한 지령에 의해, 그리고 1945년 12월 31일부 지령으로 금지된 역사 수업 재개 허가로 새로운 일본사로 우선 초등학교 학동들에게 나누어주도록 250만 부가 배포되게 되었는데, 그것이 바로 이 『국가의 발자취』였다. '올바른 역사, 국민 생활의 역사, 세계사적 입장의 역사 세 종류를 강조한 『국가의 발자취』 상권(5학년용), 하권(6학년용) 내용을 개관하는 기사가 『일본독서신문』 366호(1946.10.23) 일면 톱기사로 게재되었다.

계속해서 『일본독서신문』 369호(1946.11.13)에 편집 주임인 야마가타 노부히코(山形暢彦) 씨의 사회로 편집자 중 한 사람인 당시 도쿄고등사범학교의 교수였던 이에나가 사부로(家永三郎) 씨를 포함해 6명의 초등학교 선생님들의 좌담회 「『국가의 발자취』이해를 위해」가 게재되었다. 나도 이 좌담회에 참석하여 방청했는데, 이때서야 일본사에 대해 관심이 되살아났고, 그 이후 조금씩 나오기 시작한 역사서를 읽기 시작했다. 역사서 서평을 역사학자들에게 의뢰하기도 하면서 많은 역사학자와 친한 사이가 될 수 있었다.

『역사학연구』(복간) 제1호에 감격을 했고 민과(民科) 기관지 『역사평론(歷史評論)』을 애독하게 되었다.

　말할 것도 없이 국정교과서는 태평양전쟁 개시 직전 1941년 4월, 소학교가 국민학교로 개칭되었을 때 사용하기 시작했고, 패전 때 문부성 지시로 검은색을 칠하기도 하고 점령군의 지령으로 회수된 문제의 교과서였다. 나는 이 교정을 통해 국정교과서의 역사나 초등학교의 성립, 교과서의 내용 분석, 패전 후의 처리 등등, 실로 많은 것을 배웠다. 특히 패전 하의 교육을 뚜렷하게 비춰내는 이 국정교과서를 철저하게 검증하지 않으면 일본의 교과서를 근본적으로 개혁할 수 없는 것이 아닌가라고 결론을 냈다.

가교
교과서 문제로 생각한 것
[架橋] 教科書問題で考えたこと

하타다 다카시는 조선의 경상남도 마산출생이며, 1931년 도쿄 제국대학(東京帝国大学) 동양사학과를 졸업했다. 졸업 이후 만 철조사부(満鉄調査部)에 소속되어 화북(華北) 농촌관행조사에 참가했다. 도쿄도립대학(東京都立大學) 조교수, 교수를 역임하고 1972년 정년퇴임 한다. 전후 일본 사회에서 식민지지배 부정(否定)의 입장에서 조선사연구의 중심적 역할을 담당했다. 이 글은, 교과서 문제를 둘러싸고 주변국인 중국과 한국으로부터 비판이 일어난 것에 대한 일본의 대응을 기술하고 있다. 특히 교과서를 시정하는 것으로 끝나는 문제가 아니라 일본 내의 역사 인식에 대한 반성에 대해서 기술하고 있다.

교과서 문제는 한국, 중국과의 외교 관계상으로는 일단락 지어진 것처럼 보인다. 8월 하순 일본 정부가 교과서 기술 시정을 표명한 것을 중국, 한국이 받아들인 것과 스즈키 젠코우(鈴木善幸) 수상의 중국방문, 중국과의 수뇌 회담을 통해 이 문제는 외교상으로는 해결된 것처럼 보였다.

그러나 교과서 문제가 이것으로 해결되었다고는 생각하지 않는다. 일본정부가 한국, 중국에 약속한 시정은 어떤 수순을 통해 실현할 것인가. 언제 실현되는가. 과연 좋은 교과서는 만들 수 있을까. 이런 것들은 모두 금후의 문제이다. 종래 일본정부, 문부성의 태도

페이지
17-20
필자
하타다 다카시
(旗田巍, 1908~1994)
키워드
교과서 문제,
스즈키 젠코우,
침략전쟁,
군국주의,
식민지지배
해제자
서정완

로 보면 낙관할 수 없을 뿐만 아니라 커다란 불안감도 갖지 않을 수 없다. 교과서 문제는 지금부터가 시작이라고 생각한다. 교과서 집필자를 비롯해 연구자, 교육자의 진가를 따지게 되는 것은 지금부터이다. 교과서 문제가 국내, 국외에서 논의되고 있는 와중에 나는 많은 것을 배우고 생각하게 되었다.

교과서 문제를 통해 이전에 일본이 행한 침략전쟁이나 식민지 지배가 그 아래에서 고통을 받은 중국, 조선 그리고 아시아 여러 민족에게 있어서는 어떤 것이었는가라는 것을 일본인에게 알려주었다.

이처럼 확실하게 알게 해준 것은 이것이 처음이 아니라고 생각한다. 침략전쟁이나 식민지지배를 속이려는 문부성의 검정에 대해 커다란 분노가 중국, 한국, 조선민주주의인민공화국, 그리고 다른 아시아 여러 나라에서 일어났다. 일본 매스컴은 극히 일부를 제외하고는 대부분이 이것을 긍정적으로 받아들여, 일본 정부의 반성을 촉구했다. 일본 민중도 일본 군국주의가 아시아 여러 민족에게 준 상처에 새롭게 주목했고, 이전의 침략전쟁이나 식민지지배 문제가 불러일으킨 하나의 커다란 충격이었다. 이것을 일시의 충격으로 끝내지 않고 결실을 맺도록 하는 것이 일본인과 아시아 여러 민족 간의 진정한 우호를 가져오는 좋은 인연이 될 것이다.

교과서 문제는 이러한 일본의 지배자 계층 의식과 밀접한 관련이 있다. 교과서 검정에 커다란 영향력이나 압력을 주어 온 것은 그들 지배자 계층이다. 따라서 검정에 대한 조선 그리고 기타 아시아 여러 민족의 항의는, 그들에 대한 항의이기도 하다. 또한 지배자 계층의 잘못된 의식을 용인한 일본국민에 대한 비판이기도 하다. 우리들이 조선을 비롯해 아시아 여러 민족과 우호를 바란다면 일본의 지배자 의식을 비판함과 동시에 우리들 자신의 의식을 반성하지 않으면 안 된다.

교과서 문제를 계기로 지배자 계층의 조선에 대한 인식은 비판을 받아 크게 타격을 받았다. 일본의 식민지지배 실태가 이 정도로 명백하게 힐문을 당하면, 일본의 조선통치가 조선인의 생활이나 문화 향상에 공헌했다는 말은 이제 못하게 되었다. 본심은 변하지 않을지 모르지만, 입 밖으로 내놓는 것은 힘들어졌다. 일본국민도 다시 조선인이 겪은 고통의 깊이를 알았다. 그것은 교과서 문제를 통해 얻은 커다란 수확이다.

교과서 기술에 대한 시정을 일본 정부, 문부성에 항의한 것은 일본 내부의 힘이 아니라 한국, 중국 등 아시아 여러 나라의 힘이었다. 우리들은 훨씬 이전부터 교과서의 조선관계 기술의 잘못된 것을 지적해 왔다. 그러나 그것이 얼마나 효과가 있었는가라고 한다면 안타까운 마음만 든다. 교과서 집필자에게 약간의 영향은 주었다고 생각하지만, 문부성 검정을 움직이는 힘까지는 작용하지 못했다. 그것은 우리들의 교과서 비판 방법에도 관계가 있을 것이며 우리들은 완성된 교과서 기술을 문제로 삼아 완성되어 가는 과정의 검정을 문제 삼지 않았었다.

일본정부, 문부성은 교과서 기술의 시정을 한국과 중국에 약속한 외교 해결을 꾀했다. 그러나 어떻게 시정할 것인가는 금후의 문제로 남아있다. 지금 교육자, 연구자, 시민들 사이에서 교과서 문제에 대해 토론의 장이 확대되고 있다. 이 토론의 장이 확대하여 토론을 심화키고 교과서 기술의 사실에 입각한 올바른 방향으로 시정이 이루어지게 하지 않으면 안 된다. 그것은 동시에 일본인의 조선 인식을 깊어지게 할 것이다. 전화위복의 좋은 기회이다.

가교

우리들의 경우

[架橋] 私たちの場合

고지마 신지는 중국 근대사학자이다. 이바라키현(茨城県) 출신으로 1952년 도쿄대학(東京大学) 문학부 동양사학과를 졸업했다. 1967년 요코하마시립대학(横浜市立大学)조교수를 역임하고 1973년 도쿄대학 교양학부 조교수, 그리고 1977년 교수가 되었다. 1988년 정년퇴임을 했다. 현대중국학회(현, 일본현대중국학회) 대표 간사를 역임했다. 이 글은 교과서 집필과 검정 통과에 대한 수정 과정을 기술하며, 수정 내역 등에 대한 입장을 소개하고 있다.

작년 2월 5일, 우리들 네 집필자와 편집자는 문부성의 내의 한 교실에서 조사관으로부터 S회사 간행의 『신세계사(新世界史)』에 대해 '조건 지시'를 받았다. 우리들은 사실 며칠 전에 원고본(흔히 말하는 희색 표지본) 심사에 합격했다는 것을 통보받았다. 그러나 이 합격은 말하자면 관문의 임시 통과에 지나지 않는다. 근래의 검정 특징으로서 원고본을 불합격시키는 케이스는 거의 없어졌고 그 대신에 이전보다 더 많은 조건(수정을 의무화한 수정의견, 흔히 말하는 A조건과 개선 의견인 B조건으로 된 지시가 오는 경우가 있다. 그중 건수로서는 B조건 쪽이 훨씬 많다. 개선 의견이기 때문에 거부할 수도 있다고 형식상으로는 되어 있다. 그러나 그것에 또 조건이 있는데, 거부하는 이유를 하나하나 극명하게 적지 않으면 합격 되었던 원고본을 '검정 종료' 교과서로 출판할 수가 없다.

페이지
20-23

필자
고지마 신지
(小島晋治, 1928~2017)

키워드
『신세계사(新世界史)』,
원고본, 중일공동성명,
조선사

해제자
서정완

124

한정된 날짜 안에서 많은 B조건 전부를 내치는 이유를 게다가 상대에게 수긍시키기 위해서는 하나하나에 대해 적기에는 사실상 불가능하다. 여기서 집필자는 다른 방법, 즉 일단 B조건을 수용하고, 표현을 바꾸는 것으로 그 허들을 넘으려고 고안한다. 이것이 말하자면 진짜인 것이다. 보통 각오하지 않으면 마음속에 술수에 빠져 개'악이 되게 된다. A조건도 역사 사실 평가와 관련되고 국가권력의 의지를 보여주는 사상성을 농후하게 갖게 된다. 특히 이전에는 그것이 꽤 있었다. 또한 A조건도 거부할 수 있기도 하지만, 그것도 B조건만큼이나 방대한 에어지, 번잡한 수속과 시간을 필요로 한다. 예를 들면 중일공동성명(1972) 이전은 중일전쟁이라고 적으면 매번 A조건에서 '화일(華日)사변'으로 하도록 지시를 받았다. 선전포고를 하지 않았기 때문에 전쟁이 아니라는 이유를 붙였다. 이것에 아무리 반론해도 문부성은 받아들이지 않았다.

근래 이에나가 사부로 씨의 교과서재판의 제1심 승리 이후의 경향이라고 생각되는데, A조건은 연대라던가 지명의 오기(誤記), 지도 등에 지시가 비교적 많다. 그 대신 B조건 내용이 노골적인 사상성을 띠거나 동시에 많아졌다. 현재 아시아 여러 나라 국민으로부터 강한 비판이 제기된 일본 역사교과서의 문제점은, 나의 경험의 범위 내에서는 많은 경우 B조건으로서 지시된 곳과 관계된다. 이러한 검정의 모습에 대해 작년의 내 자신을 스스로 되돌아보면 형식상 B조건을 받아들이면서, 마음속으로는 내 본래의 의도를 관철시켰다고 자부할 수 있는 부분과, 본질적인 굴복은 하지 않았지만, 어쩔 수 없이 후퇴하지 않을 수 없는 일보 후퇴가 있었다고 반성하지 않을 수 없는 부분이 있다.

조선사에 관해서는 어느 정도 자신의 의도, 생각을 관철했다고 생각하고 있는데, 그것도 좀 우쭐한 기분의 주관적 환상일지도 모른다. 조선사에 대한 검증과 정정 사실을 있는 그대로 적고 독자의 비판, 판단을 듣고 싶다. 그리고 집필자 전원이 토론하고 최종원고를 만들려고 하기 때문에 최종적으로는 전원 공동책임이긴 한데, 각각의 집필분담 부분이 있다. 내가 직접 집필하고 수정한 것은 조선 근현대사 부분뿐이다.

일본의 「신국가체제」확립의 포석
日本の「新国家体制」確立への布石

난보 요시미치는 작가이다. 주요 논고로는 주체성 논쟁에 가담한 「주체의 구제와 21세기(主体の救済と二一世紀)」(1977), 『권력과 예술(権力と芸術)』(1978), 『근대를 어떻게 초극할까(近代をど う超えるか)』(1982) 등이 있다. 이 글은 『계간삼천리』편집위원들이 남북분단 37년을 맞이한 시점에서, 통일의 문제에 대해 대담을 전개한다. 통일을 저해하는 내적요소, 민중 교류 방법, 그리고 '재일'의 과제가 무엇인가를 중심으로 다루고 있다.

마침내 '자신의 이야기'를 꺼내기 시작했다. 올 여름 호들갑을 떨면서 영화 선전광고가 각 신문지상에 게재되었다. 「대일본제국」이라는 꺼림칙한 제목을 붙인 영화 선전광고였다. 이 선전 문구의 하나인' 일본을 지키는 국민회의' 후견인이며 그 중심인물의 한 사람인 에토 준(江藤淳)이 썼다.

"이 영화를 보고 나는 일본인이 마침내 자신의 이야기를 이야기하기 시작했다고 느꼈다. 사이판 섬 옥쇄 장면은 특히 압권으로 후지타 쓰구하루(藤田嗣治)의 전쟁화가 움직이기 시작한 듯한 감동이 있다"

또한 이 영화에 대해서 프로듀서 아마오 간지(天尾完次)는, '촬영 후기'(영화 팜플렛) 속에 에토 준의 말을 다음과 같이 소개했다.

페이지
45-53

필자
난보 요시미치
(南坊義道, 1930~?)

키워드
「대일본제국」,
에토 준(江藤淳),
후지타 쓰구하루
(藤田嗣治),
도조 히데키(東条英機),
파시즘,
미시마 유키오
(三島由紀夫),
일본정신

해제자
서정완

…『바다는 되살아난다(海は甦る)』(『대일본제국(大日本帝国)』)에 이어 대작으로서 제작하는 것을 결정)를 집필한 작가이면서 도쿄공업대학 교수님 에토 준 씨는 이전에 나에게 이렇게 말했다. 『나는 연구를 위해 끊임없이 아메리카나 유럽에 가서 때로는 장기 체류도 하고 있어 세계적 시야에서 사물을 보고 있는 편이라고 생각하는데, 최근 현저한 경향으로서 각국이 모두 내셔널리즘 지향이 강해지고 있다. 이 세계적 조류는 반드시 일본에 영향을 줄 것이다. … 학생을 포함한 젊은이들, 부인 층을 많이 접하고 있다고 생각하는데, 지금 젊은이들은 징병제를 필요하다고 생각하고 깊은 관심을 갖고 있다. 실시된다면 자신은 어떻게 되는가, 그것에 관해 읽거나 보거나 할 것을 원하고 있다』고 말이다.

올 것으로 예상되는 헌법개악, 징병제 실시에 대해 에토 준은 젊은이들의 마음 자세에 도움이 될 듯한 참고용 영화 필요성에 대해 말한 것이다. 그리고 그를 위한 영화 『대일본제국』의 선전이었던 것이다. 일종의 선전 영화인 이 영화에는 따라서 예술성은 손톱만큼도 없다. 있는 것은 '이것이 전쟁이다'라는 태평양 전쟁을 일으키지 않을 수 없었던 일본의 입장의 나쁜 쪽 선전과 국가를 지키는 기개 선전이나 사이판 섬의 '만세 돌격'의 미화, 도조 히데키(東条英機) 복권의 시도뿐이다.

러일전쟁 승리의 결과 후발제국주의 국가로서 일본은 조선을 식민지화했고, 중국 동북부(구만주)에 식민지 괴뢰정권을 만들었다. 화북(華北)을 비롯해 중국일원을 침략하여 선진 제국주의 국가로서 이미 많은 식민지를 갖고 있던 서구열강의 이해와 충돌하게 되고, 영국·미국·중국·네덜란드에 의해 ABCD라인이 형성되고, 경제 봉쇄 특히 석유 수출 금지로 목을 죄며 중국으로부터 철퇴라는 평화적 길을 선택할 것인지, 인도네시아 석유와 타 지역의 자원쟁탈을 위해 개전할 것인가의 선택을 하지 않을 수 없게 되었다. 결국 일본제국은 영국, 미국, 프랑스, 네덜란드 제국주의 국가들에 의해

지배를 받는 국가들에게 전쟁을 개시하는 도식으로 미화하여 때로
는 고뇌나 비애를 보여주면서 전체적으로는 '어쩔 수 없는 전쟁'이
었다는 것을 부르짖는 작품이었다.

민주주의 국가 대(對) 파시즘 국가의 전쟁이었다고 하는 제2차
세계대전을 간단히 도식화하는 것에는 저항이 있다. 그러한 면은
강하지만, 구미 각 야쿠자 일가도 각각, 동남아시아 일대를 식민지
로 하고, 인도를 식민지로하고, 아프리카 일대를 자신들의 영역으
로서 수탈할 수 있을 만큼 수탈해 왔던 것이다. 즉 일본은 메이지유
신 이래 점차로 파시즘화 하여 조선을 침략하여 식민지로 하고 중
국은 침략했는데, 영국, 미국, 네덜란드, 프랑스 등 제2차대전은 분
명히 제국주의 전쟁의 측면을 강하게 갖는 것이었다. 이 영화의
안목은 후발제국주의 국가로서 대일본제국이 자신의 조선침략, 식
민지화 나 중국침략을 제쳐두고 태평양전쟁을 결심하지 않을 수
없었다고 하는 뻔뻔한 제멋대로의 입장을 정당화하고 전범, 도
조 히데키의 복권을 시도하는 것에 있다.

고도관리통제 사회의 중심에는 일본통합의 중심 기중으로서 천
황이 있었다. 미시마 유키오(三島由紀夫)는 작품 「영령」이나 「문
화방위론」을 비롯해 기타 작품에서도 '천황은 전후 인간이 되었다'
라고 주장하고, 한탄하여 천황을 중심으로 한 일본문화의 재건을
설파하고, 헌법 개정을 주장하여 이치가야(市ヶ谷)의 자위대 주둔
지에서 할복자살을 했는데, 그 미시마 유키오적 일본정신은 이제
그 발로(發露)의 시기를 맞이했다고 하는 듯했다. 스마트하고 세련
된 방식에 의해서 였다. '건국일 봉축회'의 위원장이며 '일본을 지
키는 국민의회'의 멤버인 마유즈미 도시로(黛敏郎)가 '국민회의'
결성에서 인사말로 말했듯이 '일본정신'을 활용한 나쁜 의미의 '일
본적 민족주의'는 이미 싹트고 있었다.

교과서의 조선을 둘러싸고
[座談会] 教科書の朝鮮をめぐって

페이지
54-66

필자
강재언
(姜在彦, 1926~2017),
김달수
(金達寿, 1919~1997),
이진희
(李進熙, 1929~2012),
이철
(李哲, 1924~)

키워드
교과서 검증,
『교과서에 적힌 조선』,
「일본 속의 조선문화」,
우민(愚民)교육

해제자
서정완

강재언은 오사카상과대학을 수료한 후 교토대학에서 한국근대사연구로 문학박사를 받았다. 1968년 조총련과 결별하고, 1974년부터 교토대학과 오사카 대학 등에서 강사 생활을 했다. 1984년부터 하나조노(花園) 대학에 촉탁교수로 근무했다.『계간 청구』편집위원을 역임하기도 했다. 저서로는『한국의 개화사상(朝鮮の開化思想)』(1980)이 있다. 김달수는 경상도 마산 출생이며 니혼대학(日本大学)예술학과 입학하여 문학을 전공했다. '재일조선인문학' 분야를 확립하고 '재일'의 입장에서 '민족' 해방의 문제를 고민하며 작품 활동을 한 재일조선인 1세 작가이다. 대표작으로는『현해탄(玄海灘)』(1954),『일본 속의 조선문화(日本の中の朝鮮文化)』(전12권, 1970~1991) 등이 있다. 이진희는 재일한국인 역사학자로 고대한일관계사를 전공했다. 메이지대학 사학과를 졸업하고 조총련계의 조선고등학교와 조선대학교에서 근무했다. 그의 저서『조선문화와 일본(朝鮮文化と日本)』와 관련하여 총련계(総連系)와 갈등을 빚다가 결국 총련과 결별하고 1984년 한국국적을 취득했다. 1972년 그의 논문「광개토왕릉비문의 수수께끼(広開土王陵碑文の謎)」은 일본육군에 의한 광개토대 왕비 비문 변조설로 한일 역사학계에 파문을 던졌다.1994년부터 와코(和光)대학 인문학부 교수로 근무했다. 이철(본명은 이기완(李基完))은, 제주도 출생으로, 이바라키(茨城)에서 교원을 지냈고, 조선신보사에서 근무했다.

『계간삼천리』 편집위원 겸 발행인이었다. 탐라연구회 고문을 역임했다. 이 글은 이철의 사회로 강재언, 김달수, 이진희가 '교과서문제'를 주제로 좌담회를 가진 내용을 기술하고 있다.

이철 : 올 6월 말에 일본의 각 신문이 내년부터 고등학교·소학교에서 사용될 교과서 검증이 종료되었다고 보도하고 있는데, 그 검정 내용 기술에 다시 쓴 곳에 대해 근린 제국에서 특히 남북조선 및 중국으로부터 비판적 목소리가 있었다. 예를 들어 한국으로부터는 두 세 곳의 신문평론을 보더라도 "식민지 통치를 당연한 권리라고 주장하는 파렴치한 행위이다", "일본의 수뇌부가 주장하는 '한일관계는 양 국민의 상호이해를 기반으로 한다'라는 것은 모두 거짓말로 엉터리다"라는 분노에 찬 비판이 나왔다. 또한 조선민주주의인민공화국의 『노동신문』은 "교과서 개악(改惡)은 남조선침략의 사상적 준비"라고 단언했다. 그런데 『계간삼천리』는, 1976년 겨울 제8호부터 제16호까지 2년간에 걸쳐 교과서 문제를 연재하고 1979년 4월에 『교과서에 적힌 조선』(고단샤)로서 단행본으로 간행했는데, 이것은 우리들이 실행한 작업 중 가장 중요한 위치를 차지하는 일이었다고 생각한다. 그래서 오늘은 새로운 상황을 맞이하여 이 문제에 대해 여러분들의 솔직한 의견을 듣고 싶다.

이진희 : 연재를 시작한 것은 1976년이니까 벌써 6년 전이 되는데, 67년 시작할 때는 교과서 문제를 다루기 위한 시작이었던 것이다.

김달수 : 이 잡지를 창간할 시기부터 생각하고 있었다는 것이 된다. 그리고 실재로 연재해 가는 도중에 교과서 재판을 하려고 생각하고 있었다. 교과서 재판으로서는 '이에나가 사부로(家永三郞) 소송'이 있긴 하지만, 그것과는 별개로 하려고 했었다.

이진희 : 우리가 생각하고 있었던 것은 조선관(朝鮮觀)을 고치기 위해서는 교과서의 조선상(朝鮮像)이 변하지 않으면 안 된다는

것이었다.

　김달수 : 나는 그때 재일조선인으로서의 사회생활을 통해서 알게 된 일본인의 조선인에 대한 인식을 바꾸지 않으면 안 된다는 그러한 사명을 갖고 살아왔다. 문학은 인간의 의식형성이나 변혁에 일정한 힘을 갖고 있는데, 그러나 국민의식 형성이라는 것은 역사 특히 역사교과서가 강력한 힘을 갖는 것이라고는 것을 통감하게 되었다. 나뿐만이 아니라 모두의 문제의식이라고 생각한다.

　이철 : 일본에서의 교과서 문제를 명확하게 하는 것은 상대방의 그것보다도 일본 스스로의 장래를 좌우하는 중대한 문제라고 생각한다. 그렇기 때문에『교과서에 적힌 조선』출판기념회 때에 '우리 조선인의 손이 아니라 여기에 출석한 일본인의 여러 선생님들의 손에 의해 이 작업이 이루어졌었다면 얼마나 의의 깊은 것이었을까'라고 나의 마음을 피력한 기억이 있다. 그것을 상기할 것까지는 없지만, 이번 사태는 일본이 과거에 국가 단위로서 저지른 갖가지 역사적 잘못을 얕은 문자 어구의 기교로 덮으려고 하고 바꿔치기하는 것일까라는 것이다. 그 역사적 배경이라는 본심이란 무엇일까.

　김달수 : 나의 경우는 15년 전쟁 초기에 일본에서 역사교육을 받은 세대인데, 거기서 '신공황후(神功皇后)의 삼한정벌'을 배운 것이 하나의 커다란 계기가 되었다. 지금 작업하고 있는 「일본 속의 조선문화」라는 것도 그것이 있었기 때문에 가능한 것인데, 고대사 세계에 발을 들여놓고 보니 알게 된 것은 일본에서는 역사학이라던가 역사교육이라는 것은 다른 문제라고 생각한다는 점이다. 말하자면 히사노 오사무(久野收) 씨가 말하는 밀교(密教)와 현교(顯敎)의 관계가 되어 있다. 민중에 대해서는 어디까지나 밀교적이고 한편으로 권력적 혹은 정치적 지식인은 현교로서, 그 밀교적 거짓말을 못 본 척한다. 그것은 지배의 논리인데, 그러한 이중 구조로 되어 있다. 즉 전전, 전중(戰中)의 역사교육은 철두철미 '우민(愚

民)교육'이었다. 그런데 이번 역사교과서 문제에서도 역사와 교육
은 별개의 문제라거나 역사학과 어린이들에게 가르치는 역사교육
과는 다른 것이 당연하다고 공공연하게 말하고 있다.

전전의 역사교과서로 보는 조선상

[報告] 戰前の歷史敎科書にみる朝鮮像

페이지
96-103

필자
종성회(鐘声の会)

키워드
15년 전쟁,
'대일본제국',
'국체관념', 기타
사다키치(喜田貞吉),
『국민의 교육
(国民之教育)』,
'일선동조론'

해제자
서정완

올 여름 중국과 한국 등 아시아 여러 나라의 일본비판을 시작으로 검정이 끝난 역사교과서 기술에 대해 외교 문제화 하여 교과서 검정제 문제가 클로즈 업 되었다. 그렇지만, 여기서 따지지 않으면 안 되는 가장 기본적인 것은 메이지부터 15년 전쟁에 이르는 일본의 침략 역사를 오늘날 어떻게 자리매김 시키고 있는가라는 일본인의 인식, 역사의식 그것이 아닐까. 그것은 또한 현대 일본의 아시아 인식과 관계되는 문제이기도 하다. 바꾸어 말하자면 오키나와, 대만, 조선에의 침략과 지배로 시작되는 '대일본제국'의 역사에서 일본의 민중은 단지 정부가 명령하는 대로 전쟁에 식민지로 향했던 것은 아니다. 이러한 침략정책을 받아들여 동의를 하고, 민중 자신의 의식(아시아에 대한 대국의식이며 배외 의식이다)이 일본인 자신의 손에 의해 어떻게 척결(剔抉)되고 청산 되었는가라는 점이다. 따라서 이번 아시아 사람들이 제기한 문제는 외교상의 정치적 결착이나 단순한 어구의 정정으로 끝날 일이 아니다. 게다가 전후에도 더욱 정부 위정자의 역사의식을 '국민의식'으로 부연(敷衍)시키는 매개로서 역사교육이 있었다는 것을 생각한다면 교육 내용에의 국가권력 개입으로서 검정 제도의 문제, 그리고 그뿐만이 아니라 교과서의 기술내용, 역사상 그것 자체를 따져봐야 하는 것이 당연할 것이다.

전전의 역사교과서에 있어서는 '국체관념의 확립', '국민사상의 함양'이라는 천황제국가의 급무(急務)의 과제를 담당하는 '황국의 역사'가 창출됨과 동시에 그것을 보강(補强)해 가는 것으로서 '정체된 자율성이 없는, 병합은 역사적 필연'이라는 왜곡된 조선성이 만들어졌다. 이미 그곳에는 아카데미즘으로서 이야기되는 것이 아니라 조선에 대한 침략이나 지배정책을 수행하기 위한 도구화 된 역사교육의 실상만 볼 수 있을 뿐이다. 그러한 의미에서 문부편수관으로서 국정교과서 편찬에 종사한 기타 사다키치(喜田貞吉)가 1910년 5월 병합 직전에 저술한『국민의 교육(国民之教育)』이 당시 정부위정자 및 역사학자의 역사교육관을 그대로 보여주고 있다.

기타 사다키치는 그 책에서 '야마토 민족은 특장은 다른 종족을 동화 융합하는 점에 있다'고 기술하고, 한일합방론도 '자타가 함께 행복해질 수' 있는 자연적 '형편'이었다고 했다. 또한 '신공황후', '왜관', '히데요시의 정한' 등도 '광휘의 역사'라고 칭찬했다.

그리고 역사교육은 이러한 광휘의 국사의 형적을 찾아 이를 모방하게 하는 것이라고 하고, 교수방법론의 획일화를 꾀할 필요성을 설파했다.

기타 사다키치와 같은 역사교육관은 그의 '일선동조론'이라는 조선관과 표리일체를 이루는 것으로 볼 수 있다. 기타 사다키치는 '국정교과서는 교재의 취사선택에 있어서 비교적 많은 주의를 기울여야 한다. 교육상 유익하지 않은 것 혹은 폐해를 발생시킬 수 있는 것은 삭제하여 게재해서는 안 된다. 혹은 이를 삭제하는 것이 불가능할 때는 특히 주의를 기울인 필법을 사용해야 한다'고 했다. 이것만 보아도 국정교과서가 얼마나 세시하고 주도면밀하게 주의를 기울여 편찬했는가를 알 수 있다.

기타 사다키치의 이러한 발언으로부터 72년의 세월이 지난 올 여름, 우리들은 교과서검정에 종사하는 문부 관료나 교과서 검정 심의회의 역사학자들이 이것과 동일한 말을 하고 있는 것을 듣게 된다. 전전의 역사교과서를 구체적으로 검증해 가면 그곳에 현재의 역사교과서가 그려내는 조선상의 '원형'을 볼 수가 있을 것이다. 즉 전후 30여년 사이에 완전히 불식된 것이 아니라 크든 작든 남아 있는 전전의 조선상이라는 말이다. 그리하여 조선상은 전전에 어떤 과정을 거쳐 만들어졌는가를 볼 때 현재의 교과서 검정을 통해 '침략'을 진출이라고 하고, 독립운동을 폭동이라고 바꿔 쓰는 정부 위정자의 의도가 어디에 있는가를 확실하게 알 수 있게 해 준다.

이시바시 탄잔의 조선독립론
石橋湛山の朝鮮独立論

오누마 히사오는 동아시아현대사연구자이다. 호세이대학(法政大学) 대학원 박사과정을 수료했다. 재단법인 일본 미크로네시아 협회 오세아니아 연구소에 근무했고, 군마대학(群馬大学) 시간강사를 지냈다. 저서오는 『조선분단의 역사(朝鮮分断の歴史)』(1993), 『조선전쟁과 일본(朝鮮戦争と日本)』(2006), 『이 나라의 행방(この国のゆくえ)』(2006) 등이 있다. 이 글은 이시바시 탄잔의 조선관에 대해 역사적 배경과 함께 기술하고 있다.

전후 정치 무대에 단명의 내각을 조직한 이시바시 탄잔은 메이지말기부터 전후 정계입문까지의 30수년 간, 경제잡지 『동양경제신보(東洋経済新報)』(이하 『신보』라고 약칭)에서 일관되게 일본 군국주의, 파시즘에 반대한 논진을 편 소수의 자유주의 언론인의 한 사람이었다.

이시바시가 동양경제신보사에 입사(1911) 한 1년 전에는 한일병합이 이루어지고, 당시 일본은 청일전쟁에 의해 대만을 영유하고 러일전쟁 승리에 의해 조선, 중국에 진출하자, 그 판도 세력권을 해외에 팽창시켜 본격적인 제국주의의 길을 걷기 시작한 시기였다. 이시바시는 이러나 일본의 거국일치에 의한 제국주의적 정책을 대일본주의(일본 본토 이외의 영토 혹은 세력범위를 확장시킨 정책)라고 비판하고, 그것을 대신하는 일본의 비제국주의적인 길로서

페이지
116-125

필자
오누마 히사오
(大沼久夫, 1950~)

키워드
『동양경제신보
(東洋経済新報)』,
소(小)일본주의,
조선독립론,
야나기 무네요시,
나카니시 이노스케
(中西伊之助),
다케우치 요시미
(竹内好)

해제자
서정완

소일본주의(식민지 포기론)을 1913년 이후 『신보』 사론(社論)으로서 제창했다.

이시바시는 소(小)일본주의와 군비축소 실현을 위한 호기로서 1921년 11월부터 다음해 2월에 걸쳐 개최된 워싱턴회의를 앞에 두고, 일본정부에 대해 '모든 것을 포기할 것을 각오'하고 회의에 임해야 한다고 하고, 구체적인 제안을 실시했다. 이시바시의 소일본주의에 입각하여 자유주의, 평화주의, 국제협조주의 입장에서 광범위하게 전개된 대외론, 외교론 속에서 지금까지 이시바시연구에서 본격적으로 다루어지지 않았돈 1910년부터 1920년대의 조선독립론에 착목하여, 구체적으로 검토한다. 또한 근대일본인의 아시아론, 조선론연구의 일환으로서 이시바시의 조선론을 논해보기로 한다.

이시바시의 조선독립론은 그 이론의 명석함과 일관성 부분에서 높은 평가를 할 수 있다. 3·1독립운동 이후 당시 주요 잡지(『중앙공론』, 『태양』, 『개조』 등)도 조선문제를 많이 다루었지만, 3·1독립운동을 지지하고 조선독립론을 주장한 일본인은 거의 없었다. 한일병합, 3·1독립운동의 대탄압, 더 나아가 관동대지진 때의 조선인 학살사건으로 이어지는 일본의 식민지주의, 민족배외주의에 반대하며 그것들을 비판했다. 조선독립을 지지하고 이해를 보여준 일본인은 일부 사회주의자나 기독교 신자, 그리고 일본인 문예운동 창시자인 야나기 무네요시, 문학자 나카니시 이노스케(中西伊之助)등 손에 꼽힌다.

당시의 대표적 민본주의자인 요시노 사쿠조(吉野作造)의 조선론과의 비교고찰에 의해서도 이시바시 탄잔의 조선독립론은 더 높은 평가를 할 수 있다. 이미 알려져 있듯이 요시노는 3·1운동에 즈음하여 일본국민에게 '대외적 양심 발휘', '자신의 반성'을 요구하고, 일본정부에 대해 조선식민지통치 정책의 최소한도의 개혁(조선인에 대한 차별적 대우 철폐, 무인정치의 철폐, 불철저한 동화

정책의 포기, 언론의 자유)을 요구한 것이기는 했지만, 조선의 독립을 명확하게 주장한 것은 아니었다. 당시 일본국내 정지, 사회 양상, 모습과 관련하여 식민지영유의 시비는 그 중요한 규정적 요인이었던 것도 놓쳐서는 안 된다.

이시바시의 조선독립론은, 일본의 조선, 중국에 대한 군사적, 정치적인 지배, 종속적 관계의 강화, 그것에 동반된 일본인의 대외의식 아시아관의 변화(차별적 민족의식, 우월의식의 형성)이라는 당시의 시대상황, 대외관에 비추어 검토해 보아도, 그것은 특필한 만한 것이었다.

조선독립론, 중국영토보전·비개입론에 보이는 이시바시 탄잔의 아시아론에는 아시아 제(諸)민족과의 연대에의 의지(지향, 의식)가 내재해 있었다. 다케우치 요시미(竹内好)는 이시바시 탄잔을 '자유주의자로서 아시아주의자'라고 평가했다. 다케우치 요시미는 이 이상을 말하지 않았지만, 그의 지적은 이시바시 탄잔의 아시아론의 중요한 일면을 보여주고 있다.

역사를 공유한 아시아에 산다

歷史を共有しアジアに生きる

페이지
137-139

필자
나카무라 마모루
(中村守, 미상)

키워드
도쿄대공습,
전쟁범죄, 강제 연행,
『중국 여행(中国の旅)』,
지리교과서

해제자
서정완

나카무라 마모루는 고등학교 교사이다. 이 글은 학생의 감상문을 예로 들면서 교육 실천의 의미를 논하고 있다. 그리고 언어가 가진 중개성에 대해서 기술한다.

… 근대에 들어서 일본은 청일전쟁으로 시작해 제2차 세계대전까지를 경험했다. 이들 전쟁 속에서 일본은 도쿄대공습, 히로시마/나가사키의 원폭 등 그 어떤 피해자의 입장을 취해도 중국을 비롯해 침략한 아시아 제국에 대한 가해자 입장도 있다는 것이 분명하게 된다. 그렇지만 여기서 잘 생각해 보지 않으면 안 되는 점이 있다. 그것은 이 전쟁으로 공습, 원폭과 5백만 명을 넘는 사상자가 된 일본의 민중이고, 중국 등에서 사자(死者) 숫자만도 천 수 백 명이라는 희생을 강요한 것은 일본의 군국주의 지도자들이며, 전쟁을 빌려서 막대한 재산을 구축하려고 한 재벌들이 벌인 일들이다. … 현대의 민중은 이전에 군인들이 벌인 전쟁범죄에 대해 그것을 흐지부지 지우려고 한다. 게다가 일본군이 제멋대로 강제 연행해 온 재일조선인에 대해서는 일본인이 어떻게 그들에게 심한 짓을 하고 그들이 지금 고향에도 가지 못하고 일본에서 살지 않으면 안 되었는가라는 그 이유도 알지 못하면서 정부와 일체가 되어 차별과 비난을 감행하고 있는 것은 아니가. … 우리들은 이제 두 번 다시 속아서는 안되며, 과거의 사실을 결코 잊어서는 안 된다.

고등학교 2학년 여학생의 『중국 여행(中国の旅)』(혼다 가쓰이치(本多勝一)), 『도쿄대공습(東京大空襲)』(사오토메 가쓰모토(早乙女勝元))를 읽고 쓴 감상문이다. 올해 1-2월, 윤리사회의 과제도서 8권을 선별하여 학생들에게 주었다. 이번에는 일본이 직접 관계한 전쟁에 관한 것을 골랐다. 전쟁이라는 원폭이라는 반응을 해올듯하여 일부러 가해의 시좌를 취하도록 했다. 8권은 앞의 두 권과 『도쿄가 불탄 날(東京が燃えた日)』(사오토메 가쓰모토〈早乙女勝元〉), 『전쟁과 오키나와(戦争と沖縄)』(미야기 히데이〈宮城秀意〉), 『전쟁 세상을 살며(いくさ世を生きて)』(마시오 에쓰코〈真尾悦子〉), 『사는 것의 의미(生きることの意味)』(고사명〈高史明〉), 『조선인 강제연행의 기록(朝鮮人強制連行の記録)』(박경식(〈朴慶植〉), 『나의 천황관(私の天皇観)』(와타나베 기요이〈渡辺清〉)였다.

교과서 검정 비판이 아시아 제국에서 일어난 것은 7월 하순이었다. 2학기가 시작된 현재도 파문은 전혀 가라앉지 않는다. 이러한 상황 하에서 고등학교 교육현장은 어떠한가. 이전부터 검정에 대해서는 비판이나 항의는 있었다. 그러나 그 비판은 과열된 진로지도, 생활지도 대책으로 사라져버렸다. 교육실천의 장에서 어떻게 다루고, 어떻게 스스로 관계해 갈까라는 문제가 생겨나지 않는다. 좀 과하게 이야기하자면 한 사람의 일본인으로서 어떻게 이를 받아들여, 아시아 사람들을 어떻게 대해 갈 것인지 까지는 진척되지 않는다.

나는 요근래 고등학교 지리교과서 기술 내용에 대해 조사해 보았는데, 문제점은 꽤 많았다. 아시아 제국으로부터 비판도 당연한 것이다. 이번의 비판, 항의를 통해 생각한 것은 언어라는 것이 얼마나 소중한 것인가라는 점이었다. 언어라는 것이 어떻게 민족과 그리고 역사에 깊게 관계하고 있는가라는 것을 알게 되었다. 진출과 침략, 폭동과 독립운동은 하늘과 땅의 차이가 있는 것, 일국의 존립

141

의 기반을 흔드는 것을 의미하고, 현재도 살아있다는 것 등이다.

　인간과 인간을 연결하는 것은 언어이다. 학생과 교사를 연결하는 것도 언어이다. 이 언어는 학생과 교사 사이만 사용하는 것이어서는 안 된다. 살아있는 '보편적'인 것이 아니어서는 안 된다. 이 말을 매개로서 배워가지 않으면 안 되는 것이다.

'히로시마'와 교과서 문제의 저변
'広島'と教科書問題の底

마사키 미네오는 고등학교 선생님이다. 부락해방동맹의 멤버로 활동했다. 퇴직 수 조선인 유골 발굴과 봉환(奉還)에 관여했다. 이 글은 교과서 검정으로 생긴 문제를 국제화의 시각에서 기술하고 있다. 교과서에 표기되는 표현들이 '진출'이냐 '침략'이냐라는 종류의 문제로 끝날 것이 아니라, 국제연대의 의미가 무엇인지에 대해 논한다. 특히 재한피폭피해자의 문제를 가타카나로서의 '히로시마'와 지명으로서의 '히로시마'의 차이를 통해 국민국가의 문제로 확대하여 기술한다.

'왼쪽도 오른쪽도 잘라왔다'라고 말하는 문부성이 필사적으로 물고 늘어지는 교과서검정 공방의 일막(一幕)이다. '오른쪽'의 무엇을 잘랐는가는 관심은 없는데 적어도 작년의 편향 캠페인 이래 교과서 개악을 일으킨 측에서 조차 믿지 못했던 검정제도 일각이 흔들리는 듯한 사태에는 솔직하게 말해서 교육현장에 선 나로서는 '꼴좋다'라고 말하고 싶을 때가 있었다. 그러나 그것이야말로 말 그대로 일본적 현실로서의 나 자신, 되묻지 않으면 안 되는 뭔가 빠진 것 같은 생각을 불식시킬 수가 없었다. 정부를 움직인 것은 우리들이 아니라는 점도 문제의 뿌리는 깊게 얽혀있다. 우리들의 '동료 싸움', '국제 연대의 결여'에 대한 반성과 전망을 생각하지 않을 수 없다.

페이지
139-140

필자
마사키 미네오
(正木峯夫, 미상)

키워드
문부성,
'히로시마(ヒロシマ)',
'히로시마(広島)',
재한피폭피해자

해제자
서정완

'침략'인가 '진출'인가가 단순하게 '언어의 돌림' 논의로 끝난다면 무엇을 말하는가라고 생각할 수 있는데, 그 핑계의 예로서 내 주변의 문제를 생각하지 않으면 안 되는 것은 '히로시마(ヒロシマ)'인가 '히로시마(広島)'인가이다. 그곳에 사는 우리들은 이미 빠져버린 함정이라고 해야 할 것인지, '히로시마'는 국제평화도시, 반핵의 사인 회장(會場)이라는 '히로시마'인 것이다. 그러나 그 국제화를 바란 나머지 군사도시 히로시마, 조선침략의 최전선 기지, 청일전쟁 이래 대본영 의식, 그리고 그 지역에서 8월 6일을 맞이한 조선인(혹은 그 외의 외국인)을 포함한, 피폭도시 '히로시마(広島)'를 우리들은 지금까지 언급해 왔다고 생각하지는 않는다.

히로시마라고 하면 의미를 작고 히로시마라고 하면 단순한 지명으로 의외, 조건반사적으로 나누어 사용해 온 우리들은 얼마나 국제적 시야가 있었다고 말할 수 있는가. '히로시마'야말로 재한피폭피해자 2만명의 존재를 잘라버릴 수 없는 국제연대의 기전이 아니었을까.

올 여름도 많은 재한피폭자를 만날 수 있었는데, 묻지 않아도 그들은 교과서 문제를 언급하녀 일본의 군국주의 부활이 '우리 자식이나 손자들에게 재난을 가져오는 것이 아닌가'라며 위구(危懼)의 목소리를 냈다. 그에 대해 우리들이 깨닫지 못하고 있는 것은 아니며 같은 생각을 하면서도 그러나 8월 6일 어느 회장(會場)에도 아직 재외(한국, 조선) 피폭자문제의 분과회는 보이지 않는다. 물론 피폭자는 피폭자 자신의 자립문제도 따지지 않을 수 없다. 그러나 말을 할 수 없는 입장일 뿐 그들은 10년여에 걸쳐 한발 한발 자신들의 길을 모색해 왔고, 그 근저에는 항상 '일본의 평화운동이 좀 더 움직여주었으면'이라는 한탄이라고 할까 원망이라고 할까, 그런 바람을 갖고 있다. 1969년의 손귀달(孫貴達) 씨, 그것에 이어 손진두(孫振斗) 씨의 소송, 그리고 71년 한국원폭피해자 지원협회(당시) 대표로서 정식으로 연대를 요청한 신영수(辛泳洙) 씨의 소송에 일본의 평화운동 측에서 재한피폭자가 가진 본질적인 문제를 다시 생각하는 움직임은 없었다. 일본 측은 겨우 기독교 관계자의 지원 운동이 있었을 뿐이다.

6년 전 일인데, '일본인 원호법조차 만들지 못했는데, 조선인 것을 등한시해도 아무도 돌아보지 않는다'라고 말했던 운동가의 말에는, 정치적 본심에 뭔가 무서운 배외주의 이미지를 불식시킬 수 없었다. 그리고 이번 여름, 어느 한국인 피폭자는 세계대회 피폭자원호법 분과회에서, 피폭자원호법 제정이 국가의 전쟁책임, 국가보상을 요구하지 않을 수 없는 것으로서 '우리들 한국인피폭자도 보다 절실하게 일본정부에 전쟁책임을 따져왔다'고 호소했다.

당장 일본인 자신들의 손으로 국가보상 법제화를 이루어내기 위해서는 전쟁을 못하게 할 수 있는 제어장치를 확립하는 시야에서 절대 의의가 있다. 그러나 지금도 국가책임을 언급조차 하지 않는 일본의 전후야말로 교과서 문제와 마찬가지의 지평이다. 피폭자원호법제정을 위한 운동은, 모든 전쟁 희생자 서민에게 열린 지평, 모든 외국인 피폭자(재한, 재일 피폭자)와의 열린 연대를 가져야 비로소 전망이 열리는 것은 아닐까. 가해자로서의 목소리가 없는 것은 아니지만, 기탄없이 말한다면 모든 운동에 폐색(閉塞)을 가져온 것은 스스로의 잘못에 솔직하지 못했던 전후 일본의 행보, 의식의 모습이 아닐까.

재한피폭자에 있어서 '히로시마(ヒロシマ)'는 '유일한 피폭 국민'이라고 말해 온 일본인의 에의 반발밖에 없고 지금도 그들 속에는 '히로시마(広島)'만이 살아있는 것이다. 한국 원폭피해자협회는 8월 9일 대회에서 일본 정부 앞으로 교과서 문제를 규탄하는 항의문을 채택했다. '세계 유일의 피폭국이라고 국가 전체가 요란을 피우면서 한국피폭자들에 대해서는 무엇을 했는가. 나를 꼬집어보아 다른 사람의 아픔을 알 수 있으리'라고 했다. 재한피폭자들을 침략한 일본이며, 잘라 베어 내버리고 온 것도 사실이다. 이를 다시 한번 명기해 둔다.

민족의식의 변혁기를 맞이한 한국

民族意識の変革期迎えた韓国

마에다 야스히로는 오사카 출생이다. 도시샤대학(同志社大学) 경제학부를 졸업했고, 매일신문 도쿄 본사 편집부 외신기자, 서울 지국장, 편집위원을 역임했다. 조선반도·중국을 포함한 아시아, 유럽 각국을 취재했다. 91년에는 김일성과 단독 회견을 가졌고, 오쓰마여자대학 교수(大妻女子大学教授)를 지냈다. 주요 저서로는 『서울로부터의 보고(ソウルからの報告)』, 『조선반도 10년의 기적 (朝鮮半島10年の奇跡)』, 『대전환기의 조선반도(大転換期の朝鮮半島)』 등이 있다.

1982년 여름은, 1945년 여름 이래 전후 일본이 구축해 온 '평화를 희구하는 나라'라는 이미지를 국제적으로 크게 실추시켰다. 일본의 역사교과서 기술이 태평양전쟁 시기에 아시아 각국 침략 행위를 사실로 인정하지 않고, 비참한 전쟁을 일으킨 책임을 회피하고 있다고 하여 중국이나 조선반도, 아시아 각 민족으로부터 비난을 받고 있다.

이 '역사 왜곡' 문제는 군국주의적인 이념, 국가지도 방침 아래 타민족은 말할 것도 없이 자국민을 전쟁 희생자로 만든 '군국 일본'이 37년간을 거쳐 재등장하고 있다는 전조로서 근린 여러 나라의 강한 대일 경계심을 환기시키고 있다.

전쟁포기를 명기한 헌법을 축으로 신생 일본으로서 출발했었는

페이지
147-159

필자
마에다 야스히로
(前田康博, 1936~)

키워드
역사교과서, 군국주의,
태평양전쟁, 신생 일본

해제자
서정완

데, 어디서 어떻게 국가운영이 잘못되었던 것일까. 일본국민에게는
'역사 왜곡' 비난의 목소리가 아직도 중대사로서 들리지 않는 듯
하다. 근린 각국 사람들의 대일관(對日觀)과 일본인 자신의 국가
관이 이렇게까지 다르다면 도대체 그 원인은 무엇일까. 평화를 희
구하면서도 군국화의 길을 걷고 있다고 한다면 그것처럼 커다란
기만은 없을 것이다.

무력에 의한 타국, 타민족에의 침략이 그대로 일본의 멸망으로
연결되어 간 사실을 일본국민이 잊었다고는 생각되지 않는다. 그
렇다면 중국이나 조선의 대일(對日)비난은 근거가 없는 오해라고
반박할 수 있을까.

만약 '군사 대국'으로서 급성장을 지속하는 일본의 실체를 분
명하게 판별하고 일본인 자신의 눈에는 전혀 보이지 않는 '군국
일본'의 모습을 규탄하고 있는 것이라고 한다면, 일은 매우 중대
하다. 다이쇼(大正)부터 소와(昭和)에 걸쳐 언덕길을 구르듯이
군부 파시즘 체제로 이행해 간 시대, 당시의 일본인은 전도에 어
둠을 예감하면서 전쟁에 돌입해 가는 국가지도자들의 횡포를 저
지할 수 없었다. 중국, 조선, 아아 태평양에서 무수한 사람들이
죽어갔다. 중일전쟁에서도 중국 측 사망자는 1000만 명 이상이었
고, 일본국민도 전쟁의 직접적인 사망자가 300만 명이 되었다. 전
후 전력(戰力) 포기를 근거로 '과거의 잘못을 반성하고, 금후 국
가 만들기에서 국제사회의 신뢰를 회복한다'는 것에 전념해 온
일본인은, 아직도 '군사 대국으로 걷는 국가'라는 외부의 오해 혹
은 의혹을 풀지 못하고 있다. 전후 37년 사이에 어딘가에서 '나라
만들기'의 길이 일그러져왔는가가 명백해지고 있다. 그것은 일본
의 민주주의 체제 성숙도를 근저에서 다시 물어야 한다. 역사 왜
곡 문제는 타국으로부터 지탄(指彈)을 받을 필요까지 없고 일본
인 스스로가 고발하여 엄연하게 시정해 가야 할 문제이다. 82년
여름은 근린 여러 나라 특히 조선반도 혹은 중국과 일본과의 관

계는 금후 어떻게 될 것인가를 일본국민에게 재고시키는 원점이
되었다.

온돌방
おんどるばん

역사관을 고치는 작업 오카자키시(岡崎市), 시바타 고(柴田皎), 회사원, 45세

본 잡지의 제24호 이래 계속해서 읽고 있다. 이전에는 먼 나라에 흥미를 갖고 있었는데, 요 수년간 아시아 지역에 관심을 갖게 되었다. 특히 고대 일본과 조선, 중국과의 교섭에 대해 생각해 보고 있다. 메이지 이래 국외진출(침략)이라는 미명아래 교육을 받고, 특히 중국, 조선에 대해 문화가 뒤떨어진 나라라는 선입견을 가져 왔다. 황당한 역사교육을 받았고 그러한 멸시관(蔑視觀)으로부터 빠져 나올 수 없었던 나는 만학이긴 하지만, 귀 잡지는 커다란 존재이다. 현재 정치정세로 보더라도 하루라도 빨리 일본인의 마음속에서 잘 못된 역사관을 고치는 작업이 필요하다고 생각한다.

교과서 문제에 대해 생각나는 것 치바시(千葉市)·다카하시 도오루(高橋徹)·세무사·51세

교과서 문제의 진전에 대해서는 눈을 크게 뜨고 보고 있다. 감추려고 한 사실이 나중에 발각되어 부독본으로는 부족하다는 상황이 되었다. 중국, 한국의 논조를 기이하게 생각하는 것이 아니라 우리들 손으로 사태를 해결하는 역량이 없었다는 것을 매우 슬프게 생각한다. 일본의 조선지배에 대해서는 군대라던가 관헌의 행위가 클로즈 업 되고 있지만, 민간인이 만주 고로(ゴロ)나 대륙 낭인의

페이지
254-255

필자
독자

키워드
역사관, 교과서 문제, 조선 문제, 쓰루미 순스케(鶴見俊介), 「황민화」교육

해제자
서정완

흉내를 내어 '히토 족' 조직의 악업이 있었다는 것을 놓칠 수가 없다. 또한 그러한 행동을 추동한 '사상가', 언론인, 신문 논조 등이 행한 역할도 초점을 맞출 필요가 있다고 생각한다. 그 배경 속에서 '사람과 사람'의 따뜻한 우정의 사적을 찾는 것은 어려운 일일까. 중요한 일이라고 생각한다. 귀 잡지에서 고교생이 사용하는 조일(朝日)관계사 독본을 만들 구상은 없는가.

'병근'의 깊음을 통감한다 도쿄도(東京都) 미나토구(港区) · 다카하시 슌페이(山本リ고) · 대학생 · 25세

역사를 중심으로 조일관계의 여러 가지 문제를 착실하게 담당해 주는 귀 잡지의 노력에 경의를 표한다. 단, 더 현대적이고 더 가까운 정치적 문제에 대해서도 남북 어느 쪽인가에 편향되지 않는 입장에서 알기 쉽게 평론해 준다면 흥미로울 듯하다. 또한 조선 문제에 관한 서책, 잡지를 망라적으로 해설한 서평집과 같은 것을 별책 형식으로 기대한다. 교과서 문제에 초조함을 느낀다. 외국으로부터의 비판에 허둥대면서 명백한 잘못을 고치려 하지 않고 우물쭈물하고 있는 정부의 태도에 대해서도 분개를 느낀다. 그렇지만 그것 이상으로 일반 국민들의 무관심한 태도에는 아연질색 했다. 병근(病根)의 깊음을 통감하지 않을 수 없었다. 일본의 민주제가 위험에 처해 있는 사실을 눈앞에서 보고 있는 것이다.

쓰루미 씨의 지적 후지시(富士市) · 가토 하루(加藤はる) · 무직 · 59세

교과서 검정이 문제화되었을 때 본지 제31호 특집 '15년 전쟁 하의 조선'은 시사를 받는 점이 많았다. 특히 대담 속에서 쓰루미 슌스케(鶴見俊介) 씨가 '조선사에 증명된 일본사를 취해가는 것이 세계인으로서 일본을 보는 최초의 계기'라고 말한 것은 현재의 우리들의 모습에 대한 날카로운 지적이라고 생각했다. 또한 「기록 구성, 15년 전쟁 하의 조선인」도 자료로서 매우 흥미롭게 읽었다.

부끄러운 생각 오다와라시(小田原市)·우사미 미사코(宇佐美ミサ子)·고교 교사·51세

본지 제31호의 사노 미치오(佐野通夫) 씨의 「『황민화』교육과 일본인 교원(『皇民化』教育と日本人教員)」 속에 '창씨개명'이라는 것이 있었는데, 최근 나는 재일조선인의 구술서를 접하고 조국을 사랑하는 조선인의 정렬에 감동을 받았다. 재일조선인으로서 15년 전쟁은 굴욕의 역사였을 것이다. 우리들 일본인으로서는 매우 부끄러운 생각이 들었다. '침략'을 '진출'이라고 말하는 문부 관료들은 재일조선인의 진지한 모습, 삶의 태도를 배웠으면 한다.

재조일본인 조사를 가가와현(香川縣)·나카노 미노루(中野実)·무직·72세

재일조선인의 식민지 시기의 고난 생활기록은 있어도, 당시 재조일본인의 침략사가 없다는 것은 양 국민의 진정한 가교에는 없어서는 안 될 것이라고 생각한다. 교사로서 12년간 전라남도에 있었던 나는 지금 세 개의 친목회에 관계하고 있으며, 매년 정례 모임에 출석하고 있는데, 회원의 화젯거리는 '귀국'당시의 고난에 집중되어 조선시대의 자신에 대한 자아비판이 결여된 것을 보면 슬퍼진다. 나는 식민지시대 일본인이 어떠한 마음으로 어떠한 생각을 하고 있었는가를 조사하고 있는데, 나는 T·A 씨에 의한 '내 일생을 되돌아보고'를 갖고 있다. 그가 가족들과 헤어진 비운 속에서 후쿠오카에서 목포로 건너가 상인으로 자립하고 매회 450석 벼를 배로 운반하여, 필요경비를 빼고서도 3~4십 엔의 이익을 남겼다고 한다. 이것은 1915년의 일이니까 벼가 익지 않았을 때 돈을 빌려주고 수확 시기에 수탈했다는 것을 말해주는 것이다. 그렇다 하더라도 수탈에 대해 내부 자료가 없다는 것이 안타까울 뿐이다.

편집실에서 편집부·사노 노부유키(佐野信行)

나는 작년 가을에 고교의 '현대사회'나 '지리', '일본사', '세계사'

개정교과서에서 조선이 어떻게 그려졌고 그 기술에 대해 어떤 검증이 이루어졌는가를 조사하려고 했다. 잘 알다시피 교과서 검증은 밀실에서 이루어지고 게다가 검정 전에 원고본은 원칙적으로 비공개여서 그 작업은 진척되지 않았다. 그래서 나는 교과서회사로부터 사전에 '영업용 견본'으로서 고등학교 교사에게 배분된 원고분 복사를 입수하기로 했다. 그리고 그중에서 조선 관계 기술을 검정 종료 교과서와 대조하여 보자 근대사뿐만 아니라 고대사, 근세사, 현대사에서도 '검열'이라고 말할 수 있는 용의주도한 검정이 이루어졌다는 것에 다시 놀랐다.

올여름, 아시아 여러 나라 사람들로부터 비판의 목소리가 일어났다. 그리고 이러한 검정지시 배경에는 요 수년 동안의 자민당 문교족(文部族)을 비롯해 교과서 '편향; 공격의 압력이 강하게 반영된 것, 그리고 교과서 조사관이 어떤 인맥 속에서 검정 담당자가 되었는가를 밝혀감에 따라 놀랄만한 문부 행정의 실태가 드러났다.

그런데 그 한편, 침략을 진출로 다시 쓴 교과서는 한권도 없고 신문의 오보였다고 말하는 일부 매스컴이나 구태의연의 조선 관계 기술 그대로 (조선침략, 지배의 최저한의 사실(史實)조차 기술하지 않음) 검정 체크도 안 되어 수험용 교과서를 낸 것에 아무런 아픔도 느끼지 않는 교과서 집필자도 있다. 또한 교과서에서 '창씨개명'을 가르친 것은 있었어도 재일조선인의 아이들이 왜 일본 학교에 다니면서 본명을 감추고 살지 않으면 안 되는가, 아무런 의문도 갖지 않는 교사들, 그리고 우리들이 있다. 아시아 여러 나라 사람들의 비판은 전후 일본이 내포해 온 갖가지 모순의 실상을 도려내어 주는 것이다.

편집을 마치고
編集を終えて

교과서 문제가 한국, 중국과의 심각한 외교문제로 발전한 지 4개월, 그 동안 일본에 대한 불신감은 동아시아 전역에 확대되고 '일본 군국주의 부활의 전조'라는 비판까지 야기(惹起)하게 되었다.

일본에서는 전후 평화헌법 아래 경제 대국으로 발전하고 전쟁을 모르는 세대가 인구의 반수를 넘게 되었다. 여기서 문부성은 '교육적 배려'를 구실로 이전의 '침략과 식민지지배'의 죄과를 애매하게 기술하도록 교과서 집필자에게 압력을 넣고, 그것을 일단은 성공하긴 했는데, 아시다시피 외교상에 커다란 문제가 되었다.

일본에서는 이미 잊혀 가는데, 아시아 사람들에게는 '군국(軍國) 일본'의 침략과 지배로부터 받은 상처는 아직 치유되고 있지 않았다. 그런 탓도 있어 침략을 진출이라고 하고 독립을 위한 저항을 폭동이라고 바꾸어 쓰는 것은 새로운 침략의 전조라고 받아들인 것이다.

새로운 사태로 발전된 지금, 교과서 기술을 침략으로 되돌린다고 끝날 문제가 아니라고 생각한다. 아시아의 신뢰를 회복하는 것은 쉬운 일이 아닌데, 일본 정부와 국민은 우선 '탈아입구(脫亞入歐)' 노선 아래 아시아 제국을 짓밟아 온 메이지(明治) 이래의 잘못된 역사를 엄중하게 반성하고 그것을 교과서에 올바르게 반영하지 않으면 안 될 것이다. (편집위원, 이진희)

페이지
256

필자
이진희

키워드
교과서 문제,
외교문제,
군국주의 부활,
탈아입구(脫亞入歐)

해제자
서정완

1983년 봄(2월) 33호

가교
교과서문제와 국적조항
「教科書問題」と「国籍条項」

다나카 히로시는 히토츠바시 대학 명예교수로 정주외국인의 지방참정권을 실현시키는 한 일 재일 네트워크의 공동대표를 역임했다. 도쿄변호사회인권상, 일본평화학회 평화연구회 장려상을 수상하였으며 재일조선인 문제에 관한 시민운동을 이끌어왔다. 그는 일본의 교과서 문제에 대해 국적조항과 함께 인권침해로 보았다. 문부성의 교원채용에 관한 규정은 인권침해 위반임에도 불구하고 강권하고 있다고 보았다. 일본정부의 교육정책은 식민지로부터 비롯된 것으로 보고 이에 대한 대응을 고찰하였다.

1982년은 일본의 교육에 있어 중요한 의미를 가지는 해가 되었다. 일본 문부성에 의해 실시된 교과검정이 인근 국가로부터 강한 비판을 받아 여지없이 수정을 하게 된 것이다. 국내에서 나온 비판에는 귀를 기울이지 않았던 일본정부가 한국과 중국을 시작으로 하는 아시아 국가들로부터의 비판에는 항의할 수 없었던 것이다.

그러나 나는 '교과서문제' 가운데 조금 다른 것으로 신경을 쓰고 있었다. 그것은 공립학교 교원채용에서의 '국적조항'을 둘러싼 문제였다. 아이치현 나고야시에서는 채용시험에 '일본국적을 갖는자'로 한정하고 있었다. 이것이 지방의 운동 결과 1982년 5월에 발표된 선고조항에서 이윽고 철폐된 것이다. 5월 31에 개최된 각 도도

페이지
14-17

필자
다나카 히로시
(田中宏, 1937~)

키워드
교과서 문제, 문부성,
재일조선인, 국적조항

해제자
석주희

156

부현 지정도시교육위 인사주관과장회의에서 문부성이 "교원채용은 일본국적자에 한정한다"는 행정지도를 실시한 것이 밝혀졌다. 조사결과 '인권침해의 위반이 있으므로 국적조항을 철폐해야 한다'는 권고를 현·시 당국에게 전달했으며, 그것이 아이치현에서 조항철폐에 큰 힘이 있었다고 생각한다.

무엇보다 문부성에 대한 대책으로서 문부성의 '지도'의 배제를 위해 일본 변호사연합회 및 나고야변호사회 준비에 들어갔다. 7월 15일 이것을 제출했으며, 그것이 바로 '교과서문제'의 한 가운데 있던 것이다.

준비작업 과정에서 우리들 사이에서는 누구랄 것 없이 '교과서문제'와 '국적조항'은 같은 것이라는 결론에 이르렀다. '교과서'와 '교원'은 일본의 학교 교육에서 중요한 요소를 구성하고 있으며 그것은 상호 밀접한 관련을 가진다. 교과서의 기술과 검정이 일본의 근대와 현대를 어떻게 보는 것인가와 마찬가지로 국적조항도 그것과 같은 근대와 현대의 대치점에 놓여있었다.

일본정부는 '교과서 문제'에 관하여 한일공동커뮤니케이션(1965)과 중일공동성명(1972)에서 언급하는 것으로 하였다. 전자는 "…과거의 관계는 유감으로 깊은 반성을 하고 있다" 이며 후자는 "일본은 … 책임을 통감하고 깊이 반성한다"고 하며 이른바 '반성' 표현을 남긴 것이다. 중요한 점은 그것이 일본의 교육행정에 어떻게 살려가는 것인가 하는 것에 진정한 문제가 있었다.

국적조항의 문제를 보면 이것은 일본에 재적하는 외국적 아동과 학생 및 외국에서 배우는 일본인 아동과 학생의 교육은 어떻게 해나가야 할 것인가와 깊이 관련되어 있다. 국적조항을 철폐하고 외국 국적의 교원 채용에 발판이 된 것은 외국적 아동과 생도가 많은 오사카, 도쿄 등 이라는 것이 여실히 보여주고 있다. 외국 국적이 많은 상위 6대 도도부현에서는 적어도 국적조항이 철폐되고 있으며 일본 전체 외국인 가운데 70퍼센트가 이 지역에 살고 있다.

일본의 무조건 항복으로 일본의 조선지배는 붕괴되고 조건은 독립했다. 일본 시대에서는 금지된 '국어=조선어' 교육도 당연히 재개되었다. 일본이 항복할 당시 이백만 이상의 조선인이 대부분 본국에 귀환했으나 약 50만 명은 일본에 잔류하여 그것이 재일조선인의 원형이 되었다. '국어강습회'로서 발족한 재일조선인 자녀에 대한 민족교육은 그 후 민족 학교에까지 발전했으나 차례로 일본 정부의 강압정책 가운데 어려운 길을 가게 되었다.

오늘날 재일조선인 자녀 가운데 80퍼센트는 일본 학교에 재적하고 있다. 재일조선인 자녀의 교육에 대해 문부성의 기본방침은 실제로는 '한일공동커뮤니케이션'과 같이 1965년 연말에 제출한 문부차관 통지에 포함되어있다. 통지는 두 가지로 하나는 민족학교를 부인함과 동시에 다른 하나는 일본의 학교에 입학을 인정하나 '교육에 대해서는 일본인과 같은 형태로 하며 교육과정의 편성, 실시에 대해서 특별하게 처리해서는 안된다'고 지시했다. 즉 조선인으로서 자란 것을 부정하는 '동화교육'으로 식민지 시대와 본질적으로 달라진 것은 없는 것으로 보인다.

민족학교의 불인가 방침을 둘러싼 문부성과 도도부현 관계 가운데 조선대학교의 각종 학교 인가 문제는 상당히 중요한 지점에 있다. 1968년 4월 미노베 혁신도지사가 문부성의 방해를 뿌리치고 인가한 이래 지금 각지에서 각종 학교로 인가하고 있다.

국적조항이 폐지되어 외국 국적의 교원이 교단에 있던 오사카는 외국 국적의 자녀의 비율이 가장 높은 곳으로 아이들이 함께 있는 교육 현장에서 교사들은 그만큼 일본의 아시아 침략에 진지하게 맞설 수밖에 없다. 오사카교육위원이 1978년을 시작으로 작성한 교원을 대상으로 한 자료 '재일외국인 자녀 - 주로 재일외국인 조선인 자녀'는 적절하게 외국인 자녀를 일본인 자녀와 완전히 같이 교육하는 것은 차별이 아니라고 잘못 이해하는 경우가 있다'고 문부성 차관에게 메시지를 던지고 있다.

일본의 아시아 침략은 '교육'을 통해 이루어져왔다고 말할 수 있다. 장기간에 걸쳐 진행해 온 것을 시정한 다음에도 많은 책임을 지지 않으면 안 된다. 외국 국적의 교원 불채용 방침을 문부성이 처음으로 문서화한 것은 '교과서 문제'가 발생한 중에 있었다. 그리고 도도부현과 지정도시 교육장 이름의 통지는 짓궂게도 15년 전쟁을 시작한 '9월 18일'로 되어있다. 문부성의 역사 감각이 의심되는 부분이다. 이러한 '통지'를 앞에 두고 각 자치체의 교육위에 어떻게 대처할 것인가를 우리들에게도 묻고 있는 것은 아닐까.

곤혹스러운 히로시마

[架橋] 困惑するヒロシマ

미즈하라 하지메는 저널리스트로 「히로시마 기자와 조선인 피폭자」라는 논문을 작성하기도 하였다. 이 글에서 히로시마와 나가사키 원폭에 관한 다큐멘터리 영화를 둘러싼 조선인 피해자와 단체, 감독의 관계를 다루었다. 이들을 둘러싼 갈등을 해결하는 것이야 말로 진정한 시민의 연대와 이해라고 제시하였다.

38년 전, 히로시마와 나가사키에서 원폭을 겪으며 방사능증의 고통 또는 발병한 조선인 피폭자의 실태를 그린 기록영화 '세계의 사람에게 ― 조선인 피폭자의 기록(世界の人へ―朝鮮人被爆者の記録)(각본·감독 성선길)'이 전국 각지에서 상영되어 감동을 불러일으켰다. 그러나 현지 히로시마에서는 감동과 반대로 이 영화의 제작에 관련된 조선인 피폭자가 '자신들의 생각이 표현되어 있지 않다'며 수정을 요구하고, 영화를 받아들일 수 없다고 하는 등 성 감독에게 불신을 보이고 있다. 이러한 상황이 발생한 것은 일본인의 입장에서 영화제작에 협력해 온 '〈세계의 사람에게〉 제작상영 히로시마 협력위원회'에도 영향을 미쳤다. 이로 인해 상영 확산을 위한 운동도 중단되어 관계자들은 곤혹스러워하고 있다.

1975년 8월에 결성된 히로시마현 조선인 피폭자 협의회(약칭, 조피협)의 이실근 회장은 "일본이 유일한 피폭국가라는 일반론에 묻힌 조선인 피폭자 문제를 영화를 통해 묻는 것은 불가능할 것이

페이지
17-20

필자
미즈하라 하지메
(水原肇, 미상)

키워드
히로시마, 나가사키,
조선인 피폭자,
다큐멘터리

해제자
석주희

다. 그것은 다시 말하면 이 영화는 핵전쟁을 방지하는 수단의 하나
는 아닌가"하고 말했다.

성 감독은 섬세한 감성을 가진 영화감독으로 히로시마와 나가사
키도 잘 이해하고 있었다. 성 감독은 이 회장을 통해서 각 방면에서
조선인의 피폭자 총 701명을 모집했다. 이 회장은 로케이션에도
동행했다. 동포의 설득에 나가사키에 체류하는 조선인 피폭자들은
무거운 입을 열기 시작했다.

'세계의 사람에게' 제작이 진행되었으며 같은 해 11월 2일 도쿄,
6일 히로시마에서 시사회가 개최되었다. '세계의 사람에게'는 히로
시마시에 있는 히로시마 형무소의 공중으로부터 장면이 시작되었
다. 치안유지법위반으로 투옥된 일본인이 증언한 "조선독립운동을
기획하여 체포된 조선인이 4명 있다"는 것이 타이틀로 나왔다. 이
어서 1981년 원수폭 금지 세계대회에서 마샬 미 핵실험 피폭자로
부터의 증언, 미쓰비시중공 나가사키 조선소와의 로케이션을 둘러
싼 교섭, 댐 건설을 위한 조선인 노동자가 강제 연행된 모습을 촬영
한 후 히로시마에 떨어진 버섯구름, 사체, 열상을 입은 얼굴, 화상
을 입은 등 … 나가사키 평화기념 공원, 군함도의 풍경과 조선인
피폭자의 증언, 조선민주주의 인민공화국의 풍물 등을 촬영한 것
이 피날레였다.

이 회장은 "성 감독이 지닌 일본인으로서의 속죄 의식 그리고
조선인 피폭자를 지원하기 위해 애쓴 것은 알고 있다"고 하면서도
"일본인으로서 성 감독의 감정을 노골적으로 보여주면서 조선인
피폭자의 감정은 넣지 않고 있다"고 반발하고 있다. "침략이나 식
민지 지배 아래 피폭의 실상이나 전후의 차별은 보이지 않는다.
무엇보다도 이 영화의 협회장인 나의 의뢰로부터 시작하여 공동으
로 제작된 것이다. 우리들에게는 수정을 요구할 권리가 있다"고
말하며 작년 2월까지 총 4회 수정할 것을 요구했다.

여기에 이 회장은 "성 감독은 제작비에 당초 500만 엔이라고 했

으나 기자와 인터뷰에서 3500만 엔으로 말하거나 1600만 엔으로 하는 등 일관성이 없으므로 영수증 계산을 명확하게 해야 한다"고 말했다. 이로서 제작상영 히로시마 협회의 회원들도 곤혹스러워졌다. 나(필자)는 성 감독과 조선인 피폭자 협의회, 현지 히로시마 사이에서 시나리오를 주고받지 못한 것에 대해서 유감이라고 생각한다. 성 감독이 간행한 『세계의 사람에게 조선인 피폭자 영화 기록편』 가운데 「영광의 흑칠시말기」의 서론에서 "영화 〈세계의 사람에게 - 조선인 피폭자의 기록〉의 제작을 시작으로 1년, 악의나 중상, 오해, 편견, 방해의 전화가 사무국과 조감독에게 아직도 이어지고 있으나 사무국도 조감독도 조선인 피폭자로부터 배운 살아남는 근성이 옮겨진 것인지 태연하게 견디고 있다"고 적고 있다. 영화를 만들자는 이야기가 시작된 당시에 성 감독은 몇 번이나 히로시마에 들어갔다. 거기에서 우정과 연대가 길러졌다. 그렇게 하면 해결하지 못할 것은 없다고 생각하지만…

가교
피로 물든 치마
[架橋] 血染めのチマ

김학현은 평론가이다. 이 글에서는 한국에 대해 민족투쟁과 저항, 한(恨)에 대하여 작성하였다. 민족과 역사의 발전을 위해 1980년 광주 민중항쟁을 비롯하여 피로 이루어진 민중의 투쟁과 저항의 중요성을 강조하고 있다.

2년 전 1980년 5월, 광주에서 민중봉기가 발생했을 때에도 우리들은 피의 풍경 가운데 의로운 빛을 볼 수 있었다. 5월 27일 군이 데모의 군집을 향해 무차별 공격을 했을 때 가난한 노동자가 선두에 나섰다. 이러한 사람들이 '교육을 받을 학생들에게 물려주어도 좋은 국가를 만드는 것이다. 죽음이라면 우리가 먼저다'라고 말하면서 돌진했다. 이러한 아름다운 행동 가운데 우리나라의 역사의 가치가 존재하는 것이 아닐까. 거대한 흐름의 아래 앙금으로 남아 있는 민중의 '한', 한과의 투쟁 가운데 그 민족의 진정한 역사는 존재한다.

어둠을 쫓아내고 내일의 광명을 기다리는 시를 불렀던 시인들의 혼이 총탄 가운데 쓰러진 소년전사의 염원이, 여자중학생의 유언이, 시인들의, 학생들의 가슴에 깊이 새겨 서울에서 광주까지 가두행진을 하게 되었다. 이 국가의 민중의 민족 '천년한'을 깨끗이 흘려버리고 훌륭한 민주국가를 건설하기 위해서, 통일을 위해서 의의 숭고한 투쟁이 이어지고 있다.

페이지
20-23

필자
김학현
(キム·ハクヒョン, 미상)

키워드
민중봉기, 한(恨),
저항, 민족

해제자
석주희

1919년 2월 8일 도쿄유학생에 의한 '2·8독립선언'에서는 일본에 대하여 '영원의 혈전'을 선언하고 있다. 당시, 주권을 빼앗긴 시대의 진정한 적은 일본의 제국주의였다. 일본이 그 잘못을 다시 뉘우치지 않는 한 '영원한 혈전'을 도전하는 젊은 학생들의 의기는 사라지지 않을 것이다. 지금은 그 대상이 변하여 '민주화' '통일'을 방해하는 상대를 향해있다. 그러나 그 대상이 외세와 결부한 '내부의 적'이라면 '피로 쓴 사실' 즉, 의를 위해서 죽는 행위 가운데 내일의 광명이 있다는 것을 인식해야 한다. 이러한 것을 확인하는 것이 역사에 주체적으로 관계된 것이며 역사와 함께 살아가는 것이라고 생각한다.

피로 물든 치마의 공허한 무덤, 의로운 무덤의 존재는 우리 민족의 자랑으로 '한'의 역사의 증거이자 동시에 '저항'의 상징이다. 의를 위해 투쟁하는 것은 '영원의 혈전'이다.

특집
이웃의 냉정한 눈
[特集] 隣人の冷静な目

시라이시 쇼고는 요미우리 신문기자이다. 그는 이어령 씨의 『축소지향의 일본인』에 대한 일본 국내의 반응과 일본인에 대한 고찰, 그리고 일본인에게 조선인은 어떻게 바라볼 수 있는가에 대해 정리하였다. 그는 '축소지향'에서 제시한 일본인의 특징을 제시하는 한편 일본과 조선을 비교적 관점에서 바라보았다.

이어령 씨의 '축소지향의 일본인'은 작년 1월 간행된 이래 증쇄를 더해 20쇄를 넘었다. 베네딕트의 '국화와 칼'을 시작으로 외국인이 쓴 일본인론은 많다. 그러나 단기간에 이만큼 팔린 책은 없을 것이다. 이처럼 한국의 학자가 쓴 책이 베스트셀러가 된 것은 이례적이다. 일본의 전자산업의 성공에 이론을 더해 논의하는 것이 있었기 때문인지 모른다. 그러나 일본기업이나 일본의 경영을 논한 것은 이 책의 응용편으로 저자의 '축소 논리'는 좀 더 본질적인 것이었다. 여기서 나는 베네딕트의 일본 문화론에 대하여 사쿠다 게이치(作田啓一)가 「부끄러움의 문화 재고(恥の文化再考)」를 쓴 것과 같이 문학이나 역사학은 물론 철학과 사회학, 민속학, 정치학의 전문가가 그 논리를 검토해야 한다고 생각한다.

이 책에서 '축소지향'은 여섯 가지의 형태로 나누어져 고찰된다. '이레코형', '쥘부채형', '아네시마 인형형', '도시락형', '노멘형', '문장형'이다. 이레코형이 '넣는다'는 것으로 공간을 축소하는 것이라

페이지
38-43
필자
시라이시 쇼고
(白石省吾, 미상)
키워드
축소지향, 이어령,
일본인론, 조선인
해제자
석주희

면 노면형은 '꾸미다'로 시간을 축소하는 것이다. 쥘부채형은 '접어서 작게하는 것으로 쥐어서 모인다', 아네시마 인형형은 '잡는다, 깎아내다', 도시락형은 '집어넣는다', 문장형은 '엉기다'로 움직임을 키워드로 하여 일본 문화의 특징을 해설하는 방식이다. 특히 부채가 지닌 상징성에 주목하여 '일본인의 상상력 속에서 움직임은 자신이 바깥의 세계를 향하여 초월한 신을 향해간다는 것보다 그것을 자신의 내면으로 초대하여 끌어당긴다는 경향이 강하다'는 지적은 핵심이라고 생각한다.

자신 안으로 불러들여 끌어당긴다 - 대상은 자신의 손으로 넣어 가공하여 축소한다. 과거도 미래도 '지금'으로 수렴한다. 서구와 같이 시간은 직선이 아니며 동양과 같이 원형도 아니다. 이것은 모두 자신의 손 가운데 축소하여 집중시키는 경향으로부터 설명할 수 있을 것이다. 자연에 대해서도 조선인과 일본인과의 차이를 지적하고 있다. 일본인이 자연을 끌어당겨 정원을 만들거나 분재를 만드는 것으로 '한국인은 자연을 자신의 것으로 부르는 것이 아니라 스스로 밖으로 나간다'고 보았다. 안으로 초대하는 것은 신과도 관련된다. 예를 들어 일본인의 춤은 부르는 동작으로 신이 내려오는 반면 한국의 춤의 기본형은 무대에 새가 날아갈 듯한 동작이다. 한국의 춤에는 세계를 향해 나아가는 상징성이 있다.

일본인의 행동이 안과 밖에서 다르다고 사람들이 지적하고 있다. 안은 청결하며 예의가 바르다. 그러나 밖으로 나가면 더러워져도 괜찮으며 난폭하고 잔혹하게 된다. 또는 일본인은 혼자서 만나면 예의바르고 친절하지만 집단이 되면 도당을 조직하고 안하무인이 된다. 이러한 현상을 어떻게 설명할 수 있을지 일본인 자신도 알지 못한다. 정신분석학자는 이에 대해 '아마에의 구조'로 분석하였다. 안에서는 '아마에'가 통하지만 밖에서는 '아마에'가 기능하지 못하기 때문이라고 보아도 좋다.

이어령 씨는 매우 정확하며 훌륭한 공을 일본 독자에게 던졌다.

그 공을 우리들은 어떻게 되돌려 보낼 수 있을까. 조선의 문화를
이해하는 것에 대해서는 어떠할지 곰곰히 생각하게 되었다.

특집
류큐에서 본 조선·중국
[特集] 琉球からみた朝鮮·中国

다카라 구라요시는 일본의 역사학자로 류큐대학 명예교수로 오키나와현 부지사를 역임했다. 류큐역사 전공으로 특히 류큐왕국의 내부구조와 아시아와의 교류사를 다루었다. 이 글에서는 류큐처분을 둘러싼 동아시아 국제관계와 조선과의 관계를 보여주었다. 류큐왕국이 해제되는 과정을 메이지 정부와 조선, 베트남, 중국 등 주변국가와의 관계 변화를 통해 제시하고 있다.

류큐처분을 둘러싼 상황

나는 「류큐처분과 조선·동남아시아(琉球処分と朝鮮·東南アジア)」라는 소소한 논문을 발표한 적이 있다. 그 하나의 논문으로 다음과 같이 생각해 보고자 한다. 1879년(메이지12년) 봄, 신흥 메이지 정부는 무력을 통해 수리성을 비워달라고 명령한 뒤 류큐왕국을 해체하여 오키나와현 설치를 단행했다(류큐처분). 이 사건은 왕국체제에 종지부를 찍고 오키나와를 일본사회의 일원으로 하는 목적으로 강행된 것으로 자연스럽게 이루어진 것은 아니었다.

류큐의 사회 엘리트층은 혈판 계약서 등을 통해 불평등 반대 의향을 보였다. 이에 대해 일본정부는 중국(청나라)에 밀항하여 중국 정부를 움직여서 왕국의 부흥을 모색하는 자까지 속출했다. 중국 정부도 '종주국'의 입장에서 무력행사도 피하지 않는다는 태도를

페이지
44-51

필자
다카라 구라요시
(高良倉吉, 1947~   )

키워드
류큐처분, 오키나와,
메이지정부, 조선출병

해제자
석주희

견지하며 류큐에 대한 메이지 정부의 태도에 항의했다. 1870년대 말부터 80년대까지 '류큐문제'를 둘러싸고 대한 중일 양국 간 외교 문제로 발전했다. 동시에 이 시기 중일 양국은 '조선문제'를 둘러싸고 대립했던 것은 주지의 사실이다. 또한 중국은 프랑스와의 사이에 '베트남문제'를 둘러싸고 대립하였으며 이것이 청불 전쟁으로 확대된 것 또한 잘 알려져 있다.

이러한 상황을 염두에 두고 동아시아 가운데 '류큐문제'의 특징과 메이지 정부의 처분은 어떻게 이루어진 것인가. 내가 이전에 쓴 논문에서 생각해보고 싶었던 것은 이러한 논점이었다. '류큐문제'와 '조선문제' '베트남문제'는 결코 관계가 없는 것이 아니었다. 류큐처분은 지금까지 많은 연구자에 의해 논의되어왔다. 근대 일본의 영토확정에 관한 문제, 외교문제의 하나로서 이름 있는 역사가들에 의해 알려졌으나 그것이 전부는 아니다. 이 사건은 오키나와에게 어떤 의미를 갖는가 하는 시점에서도 바라볼 수 있다.

류큐처분은 세 개의 측면을 가지고 있다고 볼 수 있다. 그 중한 가지는 오키나와에게 구체제 = 왕국제의 종지부를 찍은 직접적인 계기가 된 것, 둘째는 근대 오키나와로 이행하는데 직접적인 방아쇠가 된 것, 셋째는 이상의 두 가지를 아우르는 글로벌한 국면에 위치하고 있다는 점이다. 나의 관심은 전근대사의 문제에 놓여 있다. 이전 논문에서도 전근대사의 측면에서 내 나름의 문제에 대한 관심을 뒷받침하고 있다.

문제의 구조를 보는 시점

시마즈(島津) 침입사건이 발생했을 때 특히 16세기 말기에는 두 가지 동향이 존재하고 있었다. 첫째는 1368년부터 왕정복고 국가인 원나라를 대신하여 중국의 전 영토를 통치해 온 명나라의 국력이 크게 쇠퇴하고 있었다. 다른 하나는 일본 사회가 긴 전쟁과 환란을 거쳐 통일된 강력한 봉건국가를 향해 나아가고 있었다. 이 두

가지 동향은 지금까지 중국 명나라의 책봉체제를 주축으로 안정적으로 이어져 온 동아시아의 상황을 크게 변용시켰다. 그 중 하나가 1572년과 1597년 조선에 대한 군사침략행동이다.

조선출병이 한일관계를 악화시킨 것은 당연하지만 중일관계도 악화시켰다. 전국 재편을 하면서 명일 간 무역을 개시하도록 하였으나 '출병'의 응어리가 있어 계산대로 움직이지 않았다. 이러한 상황에서 시마즈 침입사건은 구체제＝고(古)류큐에 종지부를 가져오며 새로운 시대＝근세 류큐로 전환하는 계기가 되었으며 이 사건은 조선과 일본, 일본과 중국과의 관계와도 깊은 관련이 있다. 예를 들어 조선출병과 류큐출병은 별개의 사건이 아니라 중국의 책봉체제의 약화를 배경으로 일본 봉건국가의 구 동아시아 세계질서에 대한 '도전'을 야기한 것으로 이해할 수 있다.

역사에서 이중의 주체성

오키나와 역사의 전환점＝절목의 시기는 조선과 중국을 시작으로 하는 동아시아 전체의 전환점＝절목에도 동시에 겹쳐져 있는 것으로 이해해야 한다. 역사는 지나간 과거로서 객관적으로 존재하는 세계이며 그것을 탐구하는 학문도 객관적인 법으로 지지되는 과학이다. 그렇지만 그 조건 아래 놓인 역사를 고려할 때 우리들은 역사가가 지닌 주체성과 역사 그대로가 지닌 주체성의 이중적인 측면을 존중하며 유지하는 태도가 필요할 것이다.

출병하는 측의 일방적인 논리로서 역사를 쓰거나 혹은 침략 당한 측의 피해자의 눈으로 역사를 쓸 경우에는 실체로서 존재하는 역사 그 자체가 분열된 결과로서 진정한 역사상은 정립될 수 없다. 나는 오키나와 역사의 측면에서 조선과 중국의 문제를 고찰하고 싶다고 생각했다. 분명한 방법은 자기 위치로부터 내재적인 관점에서 타 지역을 바라보는 태도일 것이다.

오키나와의 역사 특히 류큐왕국의 역사를 단순한 소재로서 조선이나 중국의 역사, 또는 '고려사'나 '이조실록', '명실록' 등의 문서를 통해 탐구하는 것이 아니라 자신의 역사가 서 있는 무대를 돌아보고 자신이 바라보고 있는 특정한 행위자를 명확히 파악하는 눈을 가져야 한다. 이러한 관점을 통해 류큐왕국이 간직하고 있는 세계를 알아내고 싶다는 것이 나의 관심 가운데 하나이다. 남겨진 다양한 사료에(조선·중국과의 교류사를 전달하는 사료가 꽤 존재한다) 이러한 생각을 반영해 나가고 싶다.

하루나 아키라는 일본의 논픽션 작가로 동양사와 에도시기의 표류민을 연구해왔다. 1980년에는 「닛폰오토키치표류기(にっぽん音吉漂流記)」로 일본 논픽션상을 수상했다. 그 밖에 국학원대학 학습원 대학강사, 조후학원 여자 단기대학에서 교수를 역임했다. 이 글에서는 1800년대 일본의 국제관계에 대해 조선과 중국을 중심으로 서민의 시각을 통해 제시했다. 일본의 개항과 조선, 중국과의 관계를 통해 동아시아 국제관계를 보여주고 있다.

일본은 해외와의 교류를 극도로 제한하는 정책을 해왔다. 당시 외교관계를 가진 국가는 네 개 국가에 한정했다. 1844년 2월 15일 네덜란드 국왕이 도쿠가와 쇼군에게 국서를 전달하여 일본의 개국을 권고하자 막부는 "통신은 조선과 류큐에 한정한다. 통상은 귀국(올란다)과 중국에 한정한다. 그 외에는 일절 새로운 교통을 허가하지 않는다"고 하였다. 이것이 전통적인 외교관계의 인식이다.

그리고 조선과는 대마도의 선조, 류큐와는 사쓰마의 시마즈 씨를 통해 전통적인 정책에 의한 국가 간 교섭이 열리게 되었다. 이 같은 제한된 상황 아래 민중의 상호인식이라고 하더라도 한정적일 수밖에 없다. 일본의 표류민 기록에 대하여 한 가지 발견하게 된 것이 있다. 예를 들어 중국에 대해서는 일본인 어선의 표류기록이 조금은 있었으나 조선과 일본의 관계에서는 이러한 표류기록조차

페이지
52-59

필자
하루나 아키라
(春名徹, 1935~)

키워드
동아시아 국제관계,
조선, 중국, 류큐,
중화

해제자
석주희

드물었다.

그 이유 중 하나는 일본어선의 해난으로 주로 겨울에는 북서계절풍이었기 때문에 일본어선이 조선연안에 표류하는 사례를 드물었기 때문이다. 반면 조선에서 일본의 산인(山陰)이나 고토(五島) 등에 표류하는 어선은 적지 않았다. 막부말기에 편집된 대외관계 사료집의 '통항일람속집(通航一覧続)'만 보더라도 조선어선이 일본에 표류한 사실이 기록되어 있다. 이 어선에 실린 사람들은 나가사키로 보내져서 대마번의 나가사키번에 수용되어 송환되었다.

'조선모노가타리'의 시점

민중 레벨에서 일본인이 중국과 조선을 어떻게 생각했는가를 알 수 있는 사료는 많지 않지만 일본의 민중에게 영향을 미친 조선관을 묻는 것은 적지 않다. 1750년에 발간된 전 5권 가운데 몇 권은 도서관에 소장되어 있으나 아직 널리 유포되지 않았다. 이 책을 간행하기 2년 전 1748년에는 쇼군의 습격 이후에 조선통신사가 일본을 방문했다. 5권 가운데 제1권은 단순한 역사, 제2권은 수길의 조선역, 제3~4권은 일본인의 조선인의 조선견문기, 제5권은 조선 팔도를 그려서 설명한 것으로 통속적인 흐름과 체계로서 조선에 관한 지식을 볼 수 있는 정도이다.

대국의식의 측면

근대 이전의 동아시아 사회의 국제질서는 중국의 위협을 중심으로 이른바 책봉에 의해 관계를 통제하고 안정을 확보해 나갔다. 이 시기 국제관계는 중국을 중심으로 하는 계층적인 질서로서 유지된 것이었다. 그러나 제국의 주변에서는 민족적인 의식이 생겨났으며 동시에 중화의 지위에서 중국의 오랑캐로 처리되지 않도록 대응하기도 했다.

온돌방
おんどるばん

교과서 문제의 재인식 가케가와시(掛川市)·스즈키 요시에(鈴木よしえ)· 회사원·29세

국제적으로도 커다란 화제가 된 교과서 문제에 대해 제32호 특집은 이러한 문제의 중요성을 재인식 시켜주었다. 특히 좌담회 "교과서의 조선을 둘러싸고"를 재미있게 읽었다. 본지에 대하여 바라는 한 가지는 여성 집필자가 그다지 많지 않다는 점이다. 여성의 시점이나 여성에 관한 기사가 적다는 생각이 들었다. 여성문제에 대해서도 특집을 하면 좋을 것 같다.

교과서 왜곡을 생각한다 나가레야마시(流山市)·가나모리히가시 이치로 (金森東一郎)·63세

제32호의 특집 '교과서 가운데 조선'은 이제부터 천천히 읽어볼 생각이다. 특히 우리들의 선배를 논한 오오누상의 '이시바시 단잔의 조선독립론'은 이시바시도 몰랐던 사람으로서 마음 속 깊이 예의를 차리고 싶다. 교과서 왜곡은 마음이 있는 일본인이라면 모두가 통분해 하고 있다. 조선민족과 일본민족은 가까울 수밖에 없는 이웃이 되어야 한다. 이를 바라는 한 사람으로서 귀사의 잡지가 그러한 마음이 없는 일본인에게 경종을 울리길 바라는 바이다.

페이지
254-255

필자
독자

키워드
교과서 문제,
조선민족, 역사문제

해제자
석주희

174

진정한 역사를 알기 위해서 아야세시(綾瀬市) · 고사카 다키토모(香坂 瀧智)

전전, 학교 졸업과 동시에 조선철도에 취직하여 함흥에서 현지 입대하고 군산에서 종전을 맞이했다. 나의 청춘시대라고 하면 조선에서 지낸 나날이었다. 용산, 함흥, 흥남과의 추억은 떠나지 않는다. 그러나 지금 생각해보면 진정한 역사는 아무것도 알고 있지 않았다. 진정한 역사를 알기 위해서도 상호 간 가까운 나라이어야 하며 먼 국가여서는 안된다고 생각한다. 과거의 잘못을 딛고 사이좋게 손을 잡아가는 관계를 만들어가고 싶다. 이제부터라도 조선을 공부해가고 싶다고 생각했다

편집을 마치고
編集を終えて

"학교 교육에 있어 아동·학생에게 천황을 경애하는 마음을 깊이 하는 것이 중요하며 우리 국가의 역사와 전통을 생각하여 역대 천황에 대해서도 이와 같은 배려를 하길 바란다"

이것은 작년 교과서 문제가 외교상 결착을 보인 직후 (11월 25일)의「문부공보(文部広報)」였으나 역사상 천황에 대하여 깊이 경애하도록 하는 교육이라는 문구가 마음에 걸렸다. 이것은 식민지 시대의 조선인 소학교에서 처음으로 받은 역사 수업이 역대 천황의 이름을 외우는 것이라는 괴로운 경험이 있었기 때문일지도 모른다. 소학교에 들어가서 바로 직후 일본어를 전혀 모르는데도 불구하고, 기원절의 노래를 외워야 했다는 것을 기억하고 있다.

그 기원절은 1872년(메이지5년) 11월 15일 태정관포고로 시작되었다. 역대 천황을 경애하는 마음을 담아 '진무기원' '만제일계천황'의 사적을 배운 것이 어떤 결과를 초래할 지는 말할 것도 없을 것이다. 교과서 문제나 역사상 천황을 깊이 공경하도록 하는「문부공보(文部広報)」, 건국기념일로 바뀐 '기원절'인 2월 11일이 곧 다가온다. 그 날은 적어도 '아시아에는 두 번 다시 침략하지 않는다'고 맹세하는 하루가 되었으면 한다. (편집위원 이진희)

페이지
256

필자
이진희

키워드
교육, 역사수업,
천황

해제자
석주희

해제자 소개

서정완   한림대학교 일본학연구소, 소장
전성곤   한림대학교 일본학연구소, HK교수
김경옥   한림대학교 일본학연구소, HK연구교수
김현아   한림대학교 일본학연구소, HK연구교수
석주희   한림대학교 일본학연구소, HK연구교수
정충실   한림대학교 일본학연구소, HK연구교수

한림대학교 일본학연구소 일본학자료총서 II
〈계간 삼천리〉 시리즈

계간 **삼천리** 해제집 *5*

초판 인쇄   2020년 5월 20일
초판 발행   2020년 5월 29일

해   제 | 한림대학교일본학연구소
펴 낸 이 | 하운근
펴 낸 곳 | 學古房

주   소 | 경기도 고양시 덕양구 통일로 140 삼송테크노밸리 A동 B224
전   화 | (02)353 -9908 편집부(02)356-9903
팩   스 | (02)6959-8234
홈페이지 | www.hakgobang.co.kr
전자우편 | hakgobang@naver.com, hakgobang@chol.com
등록번호 | 제311-1994-000001호

ISBN 978-89-6071-958-3 94910
        978-89-6071-900-2 (세트)

값 13,000원